BONSAI

MANUAL PRÁCTICO

BONSAI

MANUAL PRÁCTICO

盆栽

Hideo Sugimoto - Akira Takami

EDITORIAL ALBATROS

SONARE (*Juniperus procumbens nana*).

Contenido

Camelia TSUBAKI *(Camellia japonica)* en SATEI.

Advertencia

Para nuestros lectores del Hemisferio Norte hemos indicado entre paréntesis y con la sigla TJ, en los capítulos generales, los momentos más oportunos para seguir cada paso en el cultivo del bonsai. Se debe tener en cuenta que, en este caso, hemos tomado como base el área de Tokio, Japón (ubicada a los 35,7° de Latitud Norte), zona que es un poco más cálida que Washington, Londres, París y Madrid.

Prefacio

Recibir en Buenos Aires a fines de 2003 al célebre maestro tradicional japonés —aunque vanguardista en su tratamiento del bonsai—, el señor Takeo Kawabe, e intercambiar con él opiniones, día y noche, durante las dos semanas que permaneció en el país, con el motivo de participar del primer Festival de Bonsai organizado por el Centro Cultural de Bonsai, fueron sin duda el fuerte impulso que nos llevó a redoblar nuestro esfuerzo en contribuir a la difusión de este milenario arte de Japón en América del Sur.

El bonsai ha tenido bastante difusión mundial. Se calcula que en el hemisferio Sur existe casi medio millón de aficionados. Y, sin embargo, no hay ni un solo libro escrito por un especialista japonés (y mucho menos en castellano) que contenga información detallada sobre este arte, teniendo en cuenta las condiciones naturales específicas de nuestro hemisferio.

Ésta es la razón por la que aceptamos el gentil ofrecimiento de la editorial Albatros para volcar en un libro nuestra vasta experiencia práctica, basada en largos años de residencia en la Argentina. Esperamos que esta obra sea de utilidad no sólo para argentinos y sudamericanos sino también para todos los aficionados al bonsai de habla hispana en todo el mundo.

Algunas publicaciones especializadas japonesas intentan contener y abordar todo el inmenso universo del bonsai. No es ésa nuestra intención. Sin embargo, nos hemos esforzado al máximo para incluir en esta edición los pasos básicos a seguir para la creación y cuidado del bonsai, de manera tal que los lectores puedan hacerlo solos y bien, aunque no tengan un maestro al lado. Desde ya, cualquier crítica constructiva o pregunta de los estimados lectores será bienvenida.

Aprovechamos la oportunidad para expresar nuestro profundo agradecimiento por el valioso asesoramiento y cooperación recibidos tanto del gran maestro Takeo Kawabe como del señor Hajime Nakayama, amplio conocedor del tema y editor de la revista mensual japonesa Bonsai sekai (*El mundo del bonsai*), quienes se dedican desinteresadamente a la difusión de este arte en el mundo.

Esperamos que este libro sea de utilidad para quienes quieren aprender y ampliar sus conocimientos sobre este arte tan profundo y apaciguador del alma, algo tan necesario hoy entre los seres humanos independientemente de la edad, sexo, color, nacionalidad o religión.

Hideo Sugimoto y Akira Takami

Capítulo 1

El bonsai y su historia

El bonsai es un arte que se ha vuelto bastante popular entre los amantes de las plantas en el mundo entero. Para la mayoría de las personas, es un término aplicable tanto a las plantas enanas cultivadas en macetas como a su técnica; muy pocos saben, sin embargo, cuál es su origen, su fundamento filosófico y la historia de su evolución a través del tiempo.

Benishidare *(Acer ornatum).*

Shinpaku *(Juniperus sargentii)*, obra de Takeo Kawabe.

Qué es el bonsai

El término *bonsai* significa literalmente "cultivo de árboles en bandeja", pero no debe ser considerado como un adorno más en el interior de la casa, es mucho más que eso. El bonsai es un método simbólico que apunta al aprendizaje y a la búsqueda filosófica de un modo de pensar y de vivir propio, que se logra a través del diálogo con la naturaleza y mediante el cultivo y el cuidado de las plantas. Como se ve, este arte no puede reducirse a una mera afición por contemplar árboles en miniatura ni a una técnica de jardinería ni —muchísimo menos— a una forma de maltrato hacia las plantas como si las tuviésemos prisioneras en una celda. El bonsai es una práctica filosófica que apunta a cuidar con amor la vida de las plantas para que sean cada día más bellas durante cientos de años, algo que raramente se lograría en condiciones naturales.

Este arte busca crear la máxima belleza de una planta en un universo diminuto llamado *maceta*, usando dos sentimientos tradicionales sublimados hacia la naturaleza —Wabi y Sabi (el sentimiento de inanidad sobre los valores humanos)—, basados en la milenaria filosofía zen y que están relacionados con la captación de la esencia de las cosas. En otras palabras, el bonsai es el reflejo filosófico de un sentimiento de amor sutil hacia la naturaleza y el universo que, por siglos, ha cultivado el pueblo japonés.

Muchos creen que una planta de bonsai puede sobrevivir a lo sumo cincuenta o cien años. Pues vale la pena aclarar que el bonsai más antiguo (reconocido oficialmente, ya que es propiedad de la familia imperial japonesa) tiene más de quinientos años. Incluso se cree que hay algunos todavía más antiguos en manos de particulares. Por otro lado, Japón conserva, como "tesoros nacionales de la naturaleza", árboles que tienen más de dos mil años. El gran maestro Takeo Kawabe está al cuidado de una planta que tiene más de ochocientos años de edad, con la convicción de que las plantas de bonsai también puede vivir más de dos mil años si sabemos cuidarlas.

Otra particularidad interesante es que todo bonsai está siempre en proceso de construcción. Mientras el árbol no deje de crecer —mientras viva— será una "obra por terminar", aunque tenga quinientos años.

Es así que una familia célebre, dueña de un vivero tradicional de bonsai cerca de Tokio, se dedica diariamente al mantenimiento y a dar aun mejor figura y belleza a la obra maestra del bonsai de más de quinientos años, que conserva la familia imperial.

Historia del bonsai

El bonsai nació en China hace más de mil doscientos años y fue introducido posteriormente en Japón, como muchas otras costumbres y la cultura china. El registro más antiguo que se tiene del bonsai en Japón es en una pintura sobre un pergamino dorado, incluida dentro de la obra de literatura *Kasugagongen-Kenki*, escrita en el año 1303 y conservada como Tesoro Nacional por la familia imperial.

Esto significaría que la cultura china del bonsai no fue introducida en Japón sino hasta el siglo XIII. Junto con el arte del teatro Noh y la ceremonia de té, este arte ganó la adhesión de los aristócratas, sacerdotes (bonzos) y los líderes de ejércitos (bushou) en el siglo XIV. En el siglo XVII alcanzó popularidad entre artistas, artesanos, empresarios y miembros de las clases sociales menos privilegiadas. Con el tiempo, este arte fue sentido por el pueblo japonés como una cultura propia. Finalmente, a fines del siglo XIX y gracias a las exposiciones públicas, el bonsai se difundió entre los ciudadanos comunes y hoy Japón cuenta con más de cinco millones de aficionados, un número muy superior a los que existen en su país de origen, China.

Obra de Katsushika Hokusai (1760-1849) de 1821 donde aparece un bonsai.

El bonsai en la actualidad

Queremos reiterar que el bonsai no es un pasatiempo de sádicos para maltratar árboles "prisioneros", sino que es un arte de alto vuelo con una filosofía propia concebida en el alma del pueblo japonés, a lo largo de su tradición milenaria. Además, es ampliamente reconocido y apreciado por las personas más cultas de todo el mundo, por reyes y aristócratas, por filósofos, científicos y artistas, por empresarios y políticos, como por ejemplo el rey de España, Juan Carlos I, y los presidentes de Francia François Mitterrand y Jaques Chirac, entre otros. Hoy es considerado mundialmente como una de las artes más destacadas de la cultura de Japón.

Por otra parte, el bonsai ha ganado amplio reconocimiento a nivel mundial gracias a la Asociación de Bonsai Japonesa, que realiza cada cuatro años, desde 1998, conferencias y exposiciones mundiales en diferentes ciudades, cada vez con mayor participación de cientos de miles de aficionados.

Por todo lo dicho, sea usted bienvenido a este maravilloso mundo de excelencia del bonsai.

Taller intensivo de Bonsai Matsuri en el Jardín japonés, junto a Takeo Kawabe en 2003.

Ejemplos de distintos estilos

Estilo Moyugi

Estilo Bunjingi

Estilo Kengai

Estilo Kabutachi

Estilo Chokkan

Estilo HOKITSUKURI

Estilo SOHKAN

Estilo NEAGARI

Estilo ISHITSUKI

Clasificación tradicional del bonsai

Podemos clasificar al bonsai según sea el tamaño de las plantas, el tipo de plantas o por el estilo que se ha alcanzado.

Tipos de bonsai

Clasificación	Nombre	Tipo
Por el tamaño	OHMONO BONSAI	Grande, es decir, la planta alcanza una altura mayor a 90 cm.
	CHUUHIN BONSAI	Mediano, es decir, la planta alcanza hasta un poco más de 80 cm.
	SHOUHIN BONSAI	Pequeño, es decir, la planta puede medir entre 3 y 15 cm de altura.
Por variedades de árboles	SHOUHAKU BONSAI	De conífera
	ZAKKI BONSAI	De latifolias
	HANAMONO BONSAI	De florales
	MIMONO BONSAI	De frutales
	KUSAMONO BONSAI	De herbáceas
Por el estilo	CHOKKAN	Tronco recto
	MOYOUGI	Tronco dibujado
	SHAKAN	Tronco inclinado
	BUNJINGI	Literato
	NEAGARI	Raíces aéreas
	KENGAI	Cascada
	HANKENGAI	Semicascada
	ISHITSUKI	Tronco con roca
	HOUKI TSUKURI	Escoba
	FUKINAGASHI	Azotado por viento
	SOUKAN	Doble tronco
	SANKAN	Triple tronco
	KABUTACHI	Múltiple tronco
	YOSEUE	Bosque
	NETSURANARI	Reptante
	IKADAFUKI	Balza
	SOUSAKU BONSAI	Creativo

Conífera, el "bonsai de los bonsai"

Los bonsai con mayor diversificación de estilos que se ajustan fielmente a las disciplinas de formación son los bonsai de conífera. Por eso en las exposiciones ocupan siempre el lugar de mayor jerarquía.

Aquí nos referiremos a las plantas que señalamos a continuación por orden alfabético. Son las especies más conocidas en Sudamérica. También hemos considerado algunas plantas autóctonas de la Argentina.

Especies más conocidas en América del Sur

Tipos de bonsai	Árboles
Bonsai de coníferas	CHABOHIBA (*Chamaecyparis obtusa nana*) ICHII (*Taxus baccata*) ITOSUGI (*Cupressus pyramidalis*) KARAMATSU (*Taxodium*) KONOTEGASHIWA (*Thuja orientalis*) KUROMATSU (*Pinus thumbergii*), MYUGOMATSU (*Pinus mugo mughus*) SONARE (*Juniperus procumbers nana*) SHINPAKU (*Juniperus chinensis sabina*) SUGI (*Cryptomeria*)
Bonsai de latifolias (El primero y los dos últimos no tienen su nombre en japonés por ser desconocidos en esas latitudes.)	Arrayán (*Myrceugenella apiculata*, Argentina) GAJUMARU (*Ficus retusa*) GYORYU (*Tamarix*) IBOTA (*Ligustrum sinense*) ICHOU (*Ginkgo biloba*) INUTSUGE (*Buxus sempervirens*) KAEDE (*Acer buergerianum*) MOMIJI (*Acer palmatum*) Ombú (*Phytolacca dioica*, Argentina) Palo borracho (*Chorisia insignis*, Argentina)
De árboles florales y frutales (El primer árbol no tiene nombre en japonés por ser desconocido en dicha región.)	Aljaba (*Fuchsia magellanica*, Argentina) BUGENBIRIA (*Bougainvillea glabra*) CHOUJUBAI (*Chaenomeles lagenaria* NIWAUME (*Prunus japonica variegata*) *multiplex duplex*) KUCHINASHI (*Gardenia kimura*, jazmín) PIRAKANSA (*Pyracantha coccinea*) SATSUKI/TSUTSUJI (*Rhododendron lateritium*, azalea) SHARINBAI (*Raphiolepis umbellata*) TSUBAKI (*Camellia*) ZAKURO (*Punica granatum*)

CAPÍTULO 2

CARACTERÍSTICAS DE UN BONSAI

Cuidar un bonsai es tener en cuenta el carácter de cada árbol. Para detectar ese carácter hay que desarrollar pacientemente la observación diaria. Además de los contenidos vertidos en este libro acerca de los cuidados de cada especie, es usted quien debe ir descubriendo cuáles son los cuidados más adecuados para cada árbol de acuerdo con las circunstancias geográficas, la humedad y las temperaturas, entre otros puntos clave que ofrece su jardín.

NEMUNOKI *(Acacia constantinopla).*

Qué hay que tener en cuenta

Qué tipo de cuidados se requiere y cuáles son los momentos más propicios para convertir las plantas en bonsai. Debemos tener en cuenta algunos aspectos importantes como el "carácter" y la salud de cada árbol, el lugar donde está, el sustrato, el riego y su periodicidad.

Para indicar la época de cada tratamiento tomamos como base el clima de la pampa húmeda argentina incluyendo la ciudad de Buenos Aires, ubicada a los 35° de latitud Sur. Como hemos dicho, entre paréntesis figuran las indicaciones correspondientes a Tokio (ubicado a los 35,7° de latitud Norte) para ser utilizadas como referente por aquellos lectores y aficionados de habla hispana que residen en España, EE.UU. o cualquier otro lugar del hemisferio Norte.

El "carácter" de cada árbol

Cada bonsai requiere de atención especial y tiene sus características particulares: riego, poda, resistencia al clima, etc. Los cuidados varían según la especie. Debe tenerse en cuenta también la "personalidad" de cada árbol, es decir, su construcción interna, su fisiología, su "comportamiento". El "carácter", a veces, puede variar entre una planta y otra aunque sean de la misma familia, por ejemplo en el caso de las variedades de KUROMATSU (*Pinus thunbergii*) o de MOMIJI (*Acer palmatum*).

Por eso es importante llegar a descubrir, a través del cuidado diario, el "temperamento" de cada planta y aprovechar ese conocimiento para su cuidado.

En cuanto a la condición climática, repetimos que los momentos del cuidado varían. Por eso advertimos que los momentos indicados en este libro para cada labor (basados en zonas templadas, como por ejemplo Buenos Aires, o en Tokio) no son automáticamente aplicables a todos los países y regiones, y tampoco a todas las plantas aunque sean de la misma especie.

La búsqueda y el descubrimiento de los mejores momentos para cada planta en su lugar de residencia son parte del atractivo del cuidado de un bonsai. Dedicarse con amor a él es condición fundamental para su buen desarrollo. Debemos cuidar los árboles como si fueran nuestros pro-

Izquierda: TSURUEGO *(Clerodendron).*

pios hijos. El crecimiento de éstos, nuestros "retoños", depende de nuestra capacidad de brindarles afecto.

Sustrato

Llamamos *sustrato* a la mezcla de tierra que se necesita para que una planta pueda desarrollarse de la mejor manera posible.

Hay varios tipos de sustratos; pero como los bonsai viven por mucho tiempo bajo condiciones totalmente distintas a las de las otras plantas, se necesita un sustrato diferente al que usan comúnmente los profesionales de la jardinería y los botánicos. Por lo tanto es muy importante la selección de la tierra.

• En primer lugar, la tierra debe tener la forma de granos o debe estar conformada de tal manera que, por un lado, posibilite un buen desagüe (drenaje) y, por otro, mantenga su volumen durante mucho tiempo sin deshacerse con el agua manteniendo la humedad y el aire.

• En segundo lugar, la tierra debe contener la menor cantidad posible de elementos orgánicos. El sustrato que se utiliza en Japón, el más natural y adecuado para un bonsai, es conocido como AKADAMA TSUCHI y KEISEKI (sustrato de lava volcánica) y contiene oligoelementos básicos sin ningún elemento orgánico. Este sustrato se está exportando, por lo que es posible encontrarlo en muchos países. En caso contrario, una posibilidad es consultar con personas con experiencia en el cuidado del bonsai sobre algún sustrato que tenga una composición de características parecidas.

Tras experimentar con varias mezclas de tierra, hemos obtenido un óptimo resultado con una especie de lava volcánica que hallamos en la Argentina. Su composición fue analizada por un laboratorio oficial japonés y aprobada por autoridades y especialistas japoneses en bonsai. Cabe aclarar que los resultados han sido iguales o mejores que con la AKADAMA TSUCHI y KEISEKI. Actualmente consideramos la posibilidad de explotar la mezcla comercialmente para el uso de los cultivadores de bonsai en todo el mundo. Mientras tanto y como una solución alternativa, otra mezcla que ha dado un muy buen rendimiento a través de nuestros experimentos está compuesta por un 98 % de leca y un 2 % de perlita de piedra pómez, con tratamiento térmico y posterior tratamiento con oligoelementos. Con el uso de este sustrato se obtienen buenos resultados en el crecimiento de las plantas y, según nuestra experiencia, en todos los casos no han aparecido síntomas de pudrimiento de raíces.

A continuación señalaremos los sustratos más utilizados comúnmente hasta hoy en la Argentina para el cultivo de bonsai.

Sustratos más utilizados en la Argentina

Especies	Sustrato	Porcentaje
Para las coníferas	Tierra negra granulada*.	50% (como máximo)
	Leca en granos minúsculos, arena del río Cuarto, arena del río Uruguay, granzas de ladrillos o tosca zarandeada.	40% (como máximo)
	Mejorador orgánico del suelo: resaca*, turba, carbonilla, compost, humus de lombriz*, deshechos de algodonera* o pinocha*.	Alrededor de 10%

Sustrato recomendado para uso general

Es sabido y aceptado por todos los especialistas, que el mejor material para bonsai es la Akadama. Este material, de origen volcánico, abunda en Japón y es usado desde hace siglos por los maestros japoneses. Buscando un reemplazo similar, fácil de obtener en Buenos Aires, el autor ha obtenido excelentes resultados con un sustrato basado fundamentalmente en minileca (la leca no es otra cosa que tierra cocida a altas temperaturas que se utiliza mucho en construcción). El compuesto completo se compone de:

- Minileca 95%
- Perlita* 5%

Akadama y Keiseki argentino

En los años que Hideo Sugimoto lleva viviendo y trabajando en nuestro país ha recorrido buena parte de su geografía, tomando nota de las características particulares del clima y del suelo en cada región. Es así como dio con una zona en la Patagonia en la cual encontró un matrial muy parecido, también de origen volcánico. Se enviaron muestras de estos componentes a Japón para su estudio y comparación con la Akadama japonesa. El resultado no pudo ser mejor: según el gran maestro Takeo Kawabe y la revista *Bonsai Sekai*, que hicieron las pruebas, nuestra Akadama es igual o superior a la japonesa. Aunque ambos materiales son excelentes se recomienda su uso para mejores resultados. Utilizar Keiseki para coníferas y Akadama para latifolias, en ambos casos al 100 %. En el caso de las azaleas, se puede incorporar hasta un 5% de pinocha (micorriza).

---

* Remojar previamente la perlita en oligoelementos (la mayoría son fertilizantes foliares que contienen dichos oligoelementos. La proporción es aproximadamente 100 cm^3 por cada 10 lts de minileca).

Sustrato según el tamiz

Tamiz	Tipo de sustrato
Con malla de 7 mm	Se debe "colar" el sustrato, ya que los granos de mayor tamaño no sirven.
Con malla de 5 mm	El sustrato que se obtiene, llamado "de granos gruesos", debe ser colocado en el fondo de la maceta.
Con malla de 3 mm	Lo que se obtiene, llamado "de granos medianos", se usa principalmente para rellenar la maceta.
Con malla de 1 mm	Los "granos finos" que se obtienen se usan para cubrir la superficie. Este sustrato también se utiliza como elemento principal para las plantas con más de diez años en maceta.

Cómo preparar la maceta

Colocar primero menos del 20% de los granos gruesos, luego rellenar casi el total con el sustrato de los granos medianos y finalmente cubrir con un 10% de granos finos. Esta proporción puede variar según el tamaño y el grado de crecimiento de la planta, aunque es aplicable para la mayoría de los casos de plantación (no para la siembra) de bonsai.

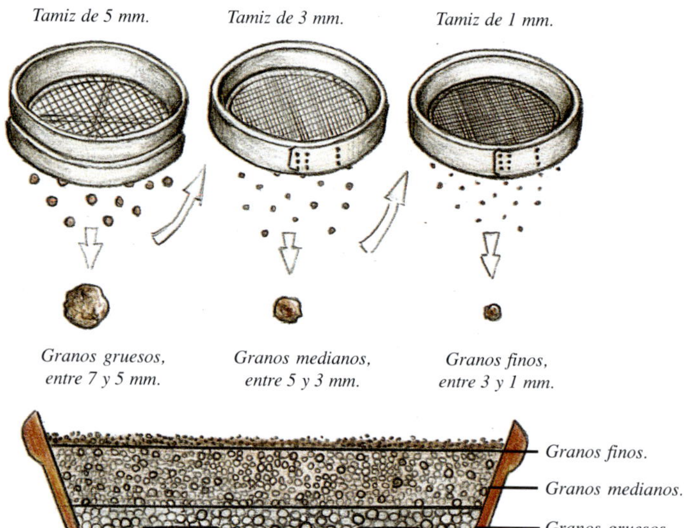

Composición del sustrato por especie

Especie	Sustrato	Menos de 10 años % máximo	Mayor a 10 años % mínimo
Coníferas	Granos gruesos		
(para plantación	(leca y arena)	20%	20%
y siembra)	Granos medianos	70%	40%
	Granos finos	10%	40%
Otras especies	Granos gruesos	20%	10%
(para plantación)	Granos medianos	70%	40%
	Granos finos	10%	50%
Siembra de	Granos gruesos	más de 10%	—
semillas chicas,	Granos finos		
no de coníferas		90%	—

Akadama: lava volcánica argentina.

Keiseki: lava volcánica blanca argentina.

Leca de minúsculo tamaño y perlita + oligoelemento.

Riego

Es de vital importancia el riego diario durante todo el año, a excepción de los días invernales, como se detalla más adelante.

Tipo de agua y forma

A la hora de regar un bonsai lo ideal es hacerlo usando "agua blanda", es decir, el agua de lluvia colectada en un tanque o recipiente. De lo contrario se puede utilizar agua corriente, preferiblemente después de dejarla reposar algunos días.

La fuerza y el caudal del agua de la regadera deben ser controlados de manera tal que la caída no desplace los granos del sustrato en la superficie y mucho menos que forme un hoyo en el sector que protege las raíces.

Frecuencia y cantidad

La frecuencia de riego varía según el tamaño del bonsai y de la maceta. Sin embargo, puede afirmarse que se debe regar cada vez que la tierra de la superficie se encuentre seca.

Las siguientes son, en términos generales, las periodicidades de riego aconsejadas.

Periodicidad del riego

Estación	Riego
Primavera y otoño	Una vez al día, entre las 10:00 y las 18:00 horas.
Verano	Dos veces al día, a la mañana y al atardecer. Cuando el calor es muy intenso, rociar las hojas al atardecer y regar otra vez a la noche.
Invierno	Dos veces por semana o cada dos días, sólo de mañana.

Es importante regar siempre a la misma hora del día.

En cuanto a la cantidad de agua empleada, es fundamental que el caudal de riego sea sólo el necesario como para que drene y salga en abundancia por el hoyo que está en el fondo de la maceta.

Cómo realizar el bañado de maceta, según los autores

A raíz de la experiencia adquirida con los años, sugerimos que, para trasplantar o replantar un bonsai y cada vez que se cambie de tierra, conviene sumergir la maceta hasta el borde en una solución de agua con ácido naftaleno alfa (hormona), pero utilizando la mitad de la cantidad que indica el prospecto. Se debe dejar sumergida dos minutos. Cabe destacar que este proceso da un excelente resultado.

Dos semanas después del trasplante, en primavera, hay que regar el árbol, durante un mes entero, con la misma frecuencia que se hace en verano. Esto es porque debido al cambio favorable en su ambiente, la planta absorbe más cantidad de agua y por lo tanto la tierra se seca con mayor rapidez.

El riego en las plantas

Tipos	Especies
Plantas resistentes a la falta de agua	Todo tipo de *Pinus* y *Pyracantha*.
Plantas que no resisten la falta de agua	CHABO HIBA (*Chamaecyparis obtusa nana*) KAEDE (*Acer beurgerianum*) MOMIJI (*Acer palmatum*) SATSUKI/ TSUTSUJI (azalea) SUGI (*Cryptomeria*)

Nota importante

En lo sucesivo se indicarán los procesos de riego suponiendo que no se posee el sustrato utilizado en Japón. Si se tiene acceso al AKADAMA TSUCHI y KEISEKI, la forma de regar y la cantidad de agua varían tanto en el cuidado diario como en el riego posterior al trasplante.

Fertilización

Es recomendable utilizar un fertilizante de efecto lento. Por eso sugerimos que se utilice solamente la soja texturizada que se venden en los comercios de alimentos dietéticos.

Puede agregarse 40% de harina de huesos o de pescado. Los especialistas en bonsai de Japón consideran que esta mezcla de fertilizantes es más que suficiente para un buen desarrollo de las plantas. Esto sucede usando simultáneamente lava volcánica como sustrato, ya que contiene oligoelementos tales como magnesio, hierro, cobre, azufre, molibdeno, etc. Pero en el caso de no disponer de lava volcánica, deben agregarse al sustrato oligoelementos solubles, como hemos señalado anteriormente.

Paso a paso: cómo fertilizar

1. Preparar el fertilizante

Para preparar en casa el fertilizante de residuo de soja o soja texturizada debe mezclarse la harina de residuo de soja y la harina de pescado o de hueso con agua hasta lograr una masa cuya consistencia sea similar al "lóbulo de la oreja humana".

Las proporciones aproximadas son mitad de la mezcla de harinas y mitad de agua. Con esta pasta formar bolitas con un diámetro aproximado de 2 o 3 cm. Se dejan secar a la sombra, en un lugar con buena ventilación, durante unas dos semanas antes de usarlas. Es recomendable hacer este preparado durante el invierno para evitar la aparición de gusanos y el mal olor que producen.

2. Cómo fertilizar

Recomendamos fertilizar cada bonsai desde principios de septiembre hasta mediados de abril (TJ desde principios de abril hasta mediados de octubre), una vez cada tres meses. Usar entre dos y cinco bolitas, según el tamaño de la maceta y del árbol, es decir, de acuerdo con la fuerza que necesita la planta. Deben colocarse las bolitas en el borde de la maceta equidistantes entre sí, y taparlas con sustrato para evitar el mal olor.

El musgo terciopelo en la superficie sirve para neutralizar, hasta cierto punto, el mal olor del fertilizante.

En las siguientes ocasiones en que se fertilice, se deberán colocar las bolitas en lugares diferentes a los anteriores.

3. Cuándo suspender la fertilización

• *Después de la poda*

No fertilizar después de la poda de las ramas en otoño. En esta época debe quitarse además todo el fertilizante que quede sobre el sustrato ya que las plantas entran en un período de reposo y no lo absorben más. Si se deja el fertilizante en la tierra o se fertiliza en esa época, se corre el riesgo de que se pudran las raíces.

• *Después del trasplante*
Luego de trasplantar un bonsai, no debe fertilizarse por el lapso de un mes para no obstaculizar la cicatrización de las raíces que fueron cortadas en el trasplante. Cuando se retome la fertilización, debe hacerse con la mitad de la cantidad habitual para que la planta se vaya adaptando.

Tipos de fertilizante y aplicación para la Argentina

Fertilizante	Tipo de fertilizante	Aplicación
Orgánico	Bolitas de residuo de soja con o sin harina de hueso o de pescado	Una vez por mes o cada tres meses según necesidad.
Químico (opcional)	Nitro fosca foliar	Se les aplica sólo a las hojas con pulverizador, cada 20 días como máximo.
	Nitro fosca granulado	Una sola vez, en la primavera.
	Osmocote granulado (de lenta liberación)	Usar únicamente dos veces al año: al principio de la primavera y al principio del verano.

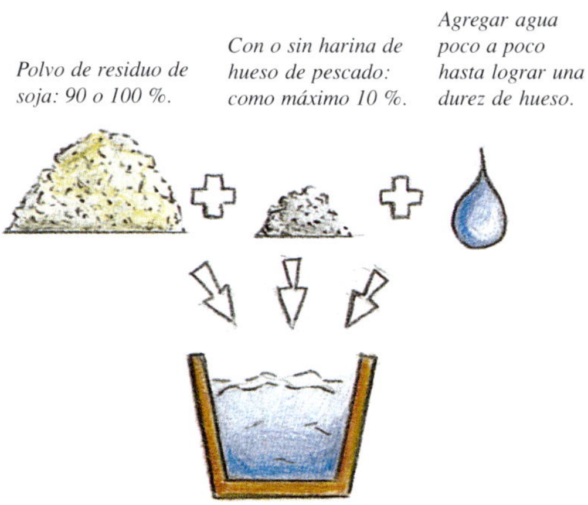

La salud del árbol

Los daños que sufren los árboles son producidos generalmente por plagas y enfermedades. Es muy importante tomar medidas inmediatamente, ya que hay casos en que el daño se expande velozmente y en muy corto tiempo.

Plagas

Los mayores daños son originados por ácaros (DANI), arañuela roja (AKADANI), cochinillas (KAIGARAMUSHI), cochinillas algodonosas (WATAKAIGARAMUSHI), moscas blancas, pulgones (ABURAMUSHI). Éstos provocan el rizado o enrulado de las hojas, desecamiento de los pimpollos, detención del crecimiento y algunas veces —indirectamente— la aparición de hongos microscópicos, comúnmente conocidos como fumaginas, que forman una costra negra sobre hojas, tallos y frutos.

Como una medida preventiva muy eficiente se deberá aplicar a todas las plantas el polisulfuro de calcio (80 cc/l de agua) dos veces al año, a principios y a finales del invierno (durante la época del frío), tapando bien el suelo y la maceta con diario a fin de evitar la contaminación, además de otras medidas que se puntualizan posteriormente.

- Los pulgones (ABURAMUSHI) son insectos de aproximadamente 1,5 mm y tienen diferentes colores: negro, pardo, gris, verde o rosado.

- Las cochinillas (KAIGARAMUSHI) presentan diferentes formas y tamaños. Algunas son pequeñas escamas rojas, pardas o negras apenas visibles. Otras —como por ejemplo las cochinillas acanaladas de Australia— superan los 10 mm.

- La mosca blanca es un insecto muy pequeño cubierto con una sustancia blanca cerosa. A este grupo también pertenecen los ácaros (DANI), las arañuelas rojas (AKADANI) y las cochinillas algodonosas (WATAKAIGARAMUSHI).

Estos tipos de plagas absorben la savia del árbol y lo debilitan. Para combatirlos es necesario el uso de alguna emulsión en estado puro o mezclada con plaguicidas fosforados o sustancias carbámica. En ambos casos se debe fumigar con pulverizador una vez a la semana durante tres semanas, con algún insecticida acaricida.

Para evitar los daños que producen los insectos que comen las hojas, flores, madera y frutos —como orugas y gusanos, entre otros— se deberá tomar para cada caso una medida diferente.

Contra las hormigas puede usarse algún cebo granulado húmedo como Milex.

Para los caracoles (KATATSUMURI) y las babosas (NAMEKUJI) se puede usar cebo granulado matacaracoles y matababosas respectivamente.

Plagas y prevenciones

Prevención	Plaga	Forma de aplicación y frecuencia
Insecticida/Acaricida/ Fungicida	Ácaro Arañuela roja	Aplicar con pulverizador en el verano, cada cuatro días.
Polisulfuro de calcio	Cochinilla Cochinilla algodonosa Mosca blanca Pulgón	A principios y a fines del invierno, se aplica con pulverizador sobre la superficie del tronco, ramas y hojas.
Oruguicida	Orugas Gusanos	Igual que en el caso del ácaro.
Hormiguicida	Hormigas	Aplicar cuando se encuentran.
Cebo matababosas (Bobacil líquido)	Babosas Caracoles	Una vez en la primavera y otra vez en el verano.

Nota: aplicar todos los años polisulfuro de calcio a todas las plantas sin excepción a partir de la segunda temporada.

Enfermedades

Las enfermedades de los árboles pueden diferenciarse en parasitarias y fisiogénicas.

Entre las parasitarias, las más comunes son AKASABI-BYOU (roya), HAGARE-BYOU (antracnosis), KOKUHAN-BYOU (manchas foliares), SUSU-BYOU (fumagina) y UDONKO-BYOU (oidio). Para prevenirlas y/o aplicar funguicida orgánico y fungicida sistémico según indica el prospecto.

Las enfermedades fisiogénicas se originan sobre todo por carencia en los nutrientes de nitrógeno, fósforo o potasio y oligoelementos. Si se siguen las recomendaciones de la sección de fertilización, no habrá por qué preocuparse de estas enfermedades.

Para evitar los hongos que suelen salir luego de la germinación de cualquier especie de semilla, deberá fumigarse con el líquido de 0,2% de Captan.

El lugar propicio para ubicar el bonsai

Es ideal mantener el bonsai en un estante, a una altura de entre 60 o 90 cm sobre el nivel del suelo, y lo más alejado posible de las demás plantas de su jardín. Es preferible que en el verano le dé el sol por la mañana y media sombra el resto del día o que esté al sol bajo un techo de malla para suavizar la luz (en Japón, en verano, se expone durante todo el día al sol pero, según la localidad, bajo un techo de malla).

Siempre debe tener buena ventilación.

En las demás estaciones, las plantas pueden estar todo el día al sol directo siempre y cuando haya una buena ventilación, salvo casos excepcionales que señalaremos más adelante. No debe olvidarse girar una vez a la semana la maceta, de manera que el bonsai reciba sol por todos sus lados.

Durante el invierno es importante que el árbol tenga protección contra el frío en aquellas regiones donde el agua se congela. Debe estar en el invernáculo o cubierto con una bolsa de polietileno y protegido contra los vientos helados directos, a excepción de las plantas de conífera, en especial las plantas de origen tropical.

En todos los casos es indispensable que en invierno les dé el sol. También es imprescindible, en aquellos lugares en donde se congela el agua, que el bonsai trasplantado en los últimos tres meses —incluyendo las especies de conífera— esté bajo la protección mencionada.

El bonsai debe tener buena ventilación, protección bajo techo y no debe tener plantas cerca.

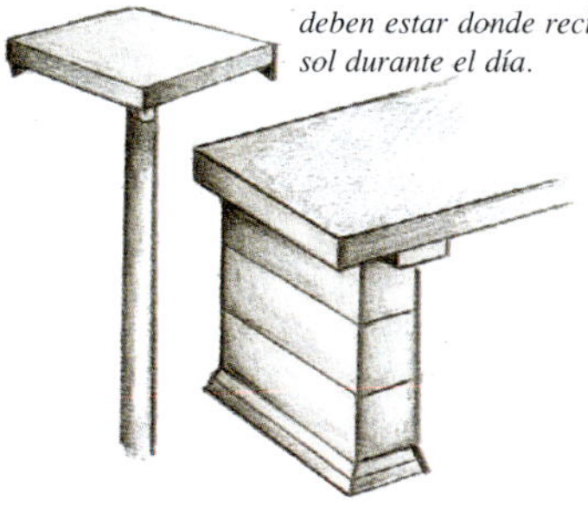

Las bases de los bonsai deben estar donde reciban sol durante el día.

Proteger los bonsai durante la noche. Puede ser bajo una mesa.

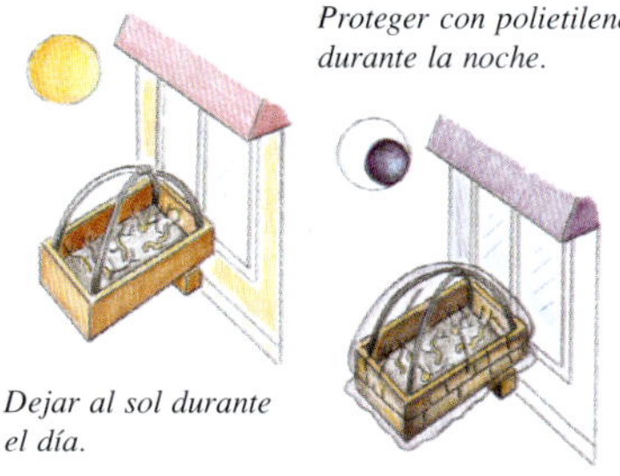

Proteger con polietileno durante la noche.

Dejar al sol durante el día.

Herramientas útiles

Es conveniente tener una serie de herramientas, especialmente aquellas desarrolladas en Japón a través de siglos de experiencia. Sin embargo, dada la dificultad de obtenerlas en el exterior, se señalan a continuación algunas herramientas comunes que pueden reemplazarlas.

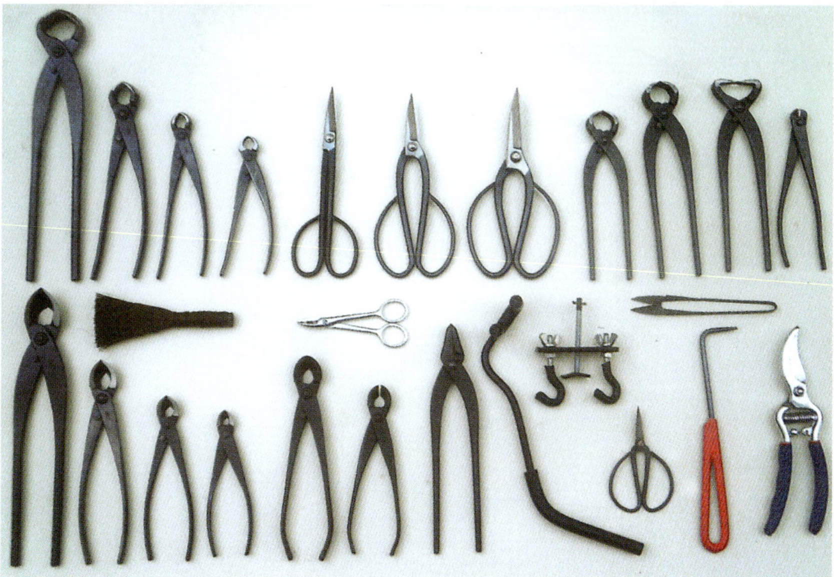

Herramientas para bonsai importadas de Japón.

CAPÍTULO 3

A LA BÚSQUEDA DEL BONSAI

Para comenzar en el cuidado de un bonsai es necesario adquirir un árbol. Puede ser que le regalen un ejemplar, ya sea un amigo, un familiar o un maestro en el arte del bonsai; que lo adquiera en un vivero; que lo obtenga de su propio jardín o que lo encuentre en una montaña. Para que sus esfuerzos tengan éxito le indicamos cuáles son los cuidados que hay que tener a la hora de seleccionar su futuro bonsai.

GOYOUMATSU *(Pinus pentaphyla).*

KUSABOKE (*Chaenomeles*).

La elección de la planta

Para comenzar a cuidar un árbol y que nuestros esfuerzos tengan éxito, recomendamos comprar en el vivero un par de árboles jóvenes, ya que estarán "preparados". De esta manera se trabajará más fácilmente. Muchas veces es inevitable que el bonsai se seque mientras lo cuidamos, por eso recomendamos tener varios ejemplares. De esta manera se podrá adquirir cada vez más experiencia en su cuidado.

SHARINBAI *(Raphioletis)*, minibonsai con frutos.

Un árbol en buenas condiciones

A la hora de comprar, es necesario decidir qué forma y estilo se desean para la planta cuando sea transformada en bonsai y de acuerdo con eso elegir un árbol que responda a esa imagen.

Indicaremos a continuación los puntos importantes a tener en cuenta para seleccionar una planta.

Las partes visibles (tronco, ramas y hojas)

• Que tenga el tronco grueso en la base y que, gradualmente, se vaya haciendo más delgado hacia arriba (TACHIAGARI). La línea del tronco puede ser recta o curva, depende del estilo que se desee dar al árbol.

• Que tenga más cantidad de ramas y hojas en la parte inferior del tronco.

• Que las hojas sean rectas, gruesas y cortas.

• En todos los casos se deben evitar los árboles que tengan las ramas más gruesas que el tronco.

Una solución rápida para obtener mejores plantas es adquirirlas en un vivero, pero se pueden elegir también plantas naturales de un jardín, de un bosque o de la montaña.

Buena forma de la salida de las raíces. Independientemente de la forma deben extenderse en todas direcciones.

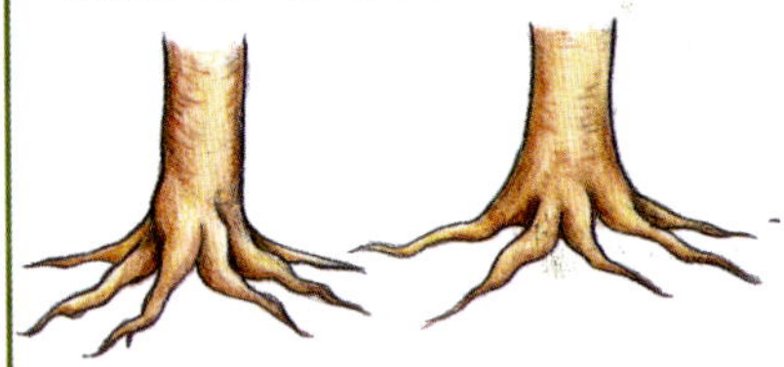

Formas indeseadas de las raíces. No deben cruzarse ni extenderse hacia un sólo lado.

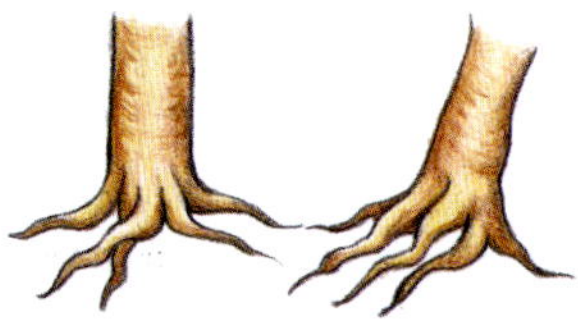

Buena formación del tronco.

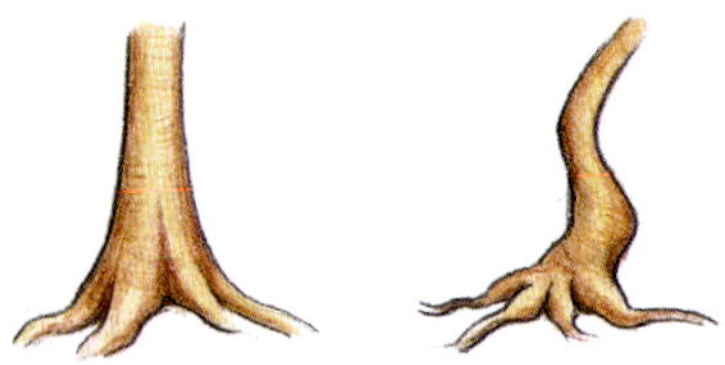

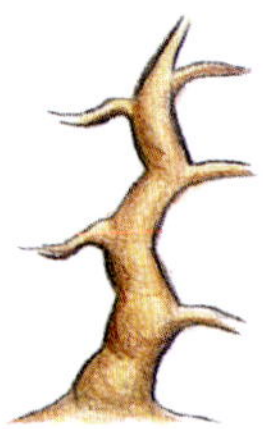

Buena ramificación de las ramas principales.

Las partes no visibles (las raíces)

En principio es preferible que la planta tenga sus raíces en todas las direcciones, en forma horizontal (NEBARI).

Vale la pena destacar que la formación de las raíces es muy importante para la formación de un árbol. Muchos se fijan en la parte del árbol que está a la vista, sobre el suelo, y tratan de embellecerlo prestando más atención al crecimiento de las ramas. Sin embargo hay casos en los que no se logra lo deseado simplemente porque la forma de las raíces no acepa tal figura de las ramas. Curiosamente, el crecimiento, la forma del árbol y las ramas, están en sincronía con la forma de las raíces. Por eso, hay que tratar de observar y corregir —si es necesario— la forma de las raíces. Deben estar extendidas hacia todas las direcciones, como si fuera un paraguas; de esta manera el árbol aceptará el modelaje de las ramas que uno desea tener.

1 2

Formas indeseadas de los troncos:

1. En forma de panza.

2. La parte superior del tronco es más gruesa que la base.

Formas indeseadas de los troncos.

El diámetro no disminuye hacia la parte superior.

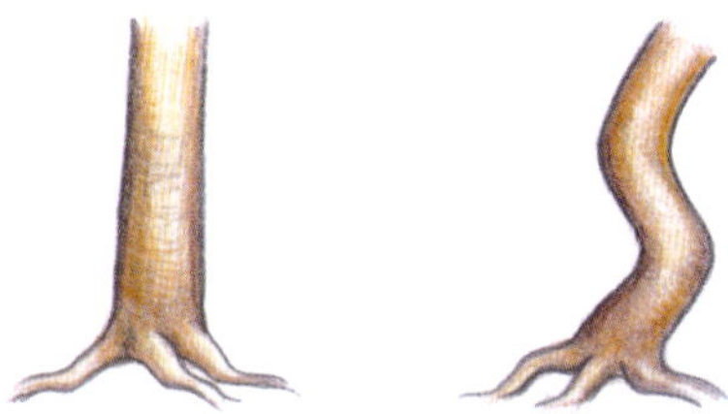

Ramificación indeseada de las ramas principales

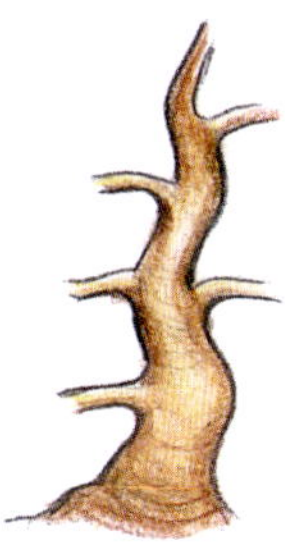

Ramas que forman una cruz.

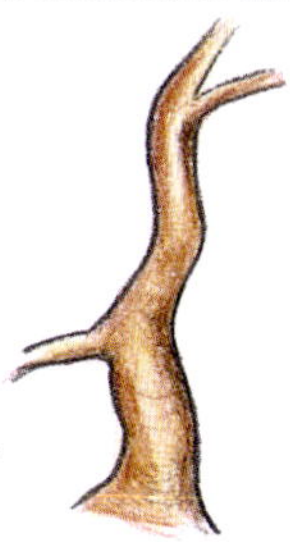

Demasiada distancia entre las ramas.

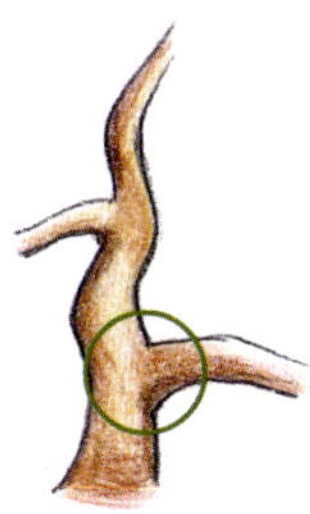

Rama más gruesa que el tronco.

A continuación nos referiremos al tratamiento que requieren los árboles "preparados" y el necesario para transformar en bonsai árboles naturales. En este capítulo nos ocuparemos de la elección de un arbolito para transformar en bonsai, del tratamiento que requieren los árboles que se adquieren en el vivero ya "preparados" y del necesario para convertir árboles naturales en bonsai.

Árboles adquiridos en vivero

La mejor época para adquirir un árbol en el vivero es a fines dc agosto (TJ a principio de marzo). Se debe seleccionar un árbol en buen estado de salud. Para ello, obsérvese:

* Si es conífera, que tenga muchas yemas y hojas rectas y gruesas.

* Si se trata de un árbol de otra especie, que tenga la mayor cantidad posible de yemas, hojas y flores.

Lo ideal sería adquirir un arbolito de unos cuatro o cinco años de vida, con un tronco de más de 1 cm de ancho y que posea muchas ramas y yemas en la parte inferior.

Transplante del árbol

Adquirir plantas a fines del invierno, de 4 o 5 años aproximadamente, con un tronco de 8 a 10 mm de ancho. Preferiblemente, con un tronco recto, sin curvas.

Es muy poco probable que en el vivero los bonsai se encuentren en una maceta adecuada para su desarrollo. Por eso habrá que trasplantar inmediatamente el árbol adquirido a su *maceta de cultivo*, es decir, a una maceta prepararada con los pasos indicados a continuación. El trasplante debe hacerse bajo sombra en un día con sol y sin viento frío, para que la planta no se debilite.

Paso a paso: cómo preparar y trasplantar el árbol de vivero

1. Colocar la malla que sujeta el sustrato

Para que los granos de tierra no se caigan por el desagüe, se debe colocar una malla plástica mosquitera en la base interior de la maceta. O bien se pueden cortar cuadraditos del doble de tamaño del agujero. Sujetar la malla para que cubra el hoyo con un alambre corto doblado en forma de "U", pasándolo desde el interior hacia afuera y doblando las puntas hacia los lados exteriores para fijar la malla.

Recomendamos, por ser mucho más práctico, colocar una malla que cubra toda la base interior de la maceta, ya que esto facilita los pasos siguientes.

2. Colocar el alambre que sujeta el árbol

Se necesita un alambre delgado de 40 a 50 cm de largo aproximadamente (la longitud depende del tamaño de la maceta).

Si la maceta tiene sólo un agujero, deberá atarse en el centro del alambre un pasador de cabello de mujer o un clavo, para que quede trabado.

Si la maceta tiene dos agujeros no hace falta colocar la traba descripta en el párrafo anterior. Se introduce directamente por cada hoyo una punta del alambre hacia el interior, pasándolas a través de la malla.

Se le puede colocar un tubo delgado de plástico o de goma de 5 cm (como el que se usa como conducto de aireación de los peces). Luego abrir las puntas del alambre con el tubo hacia ambos lados, siguiendo la pared interior de la maceta hasta arriba.

Vista de arriba de una maceta con una malla cubriendo el hoyo de desagüe.

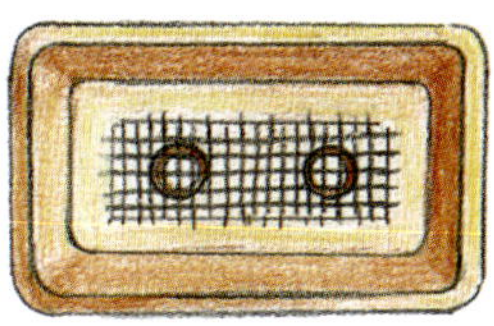

Para árboles grandes.

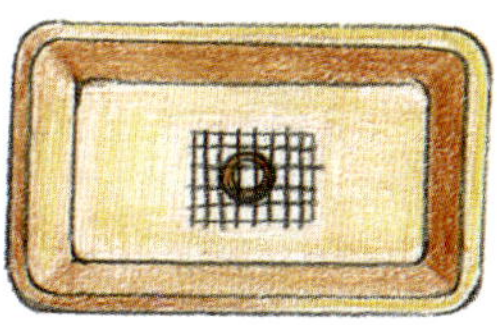

Para árboles chicos.

Maceta vista de costado.

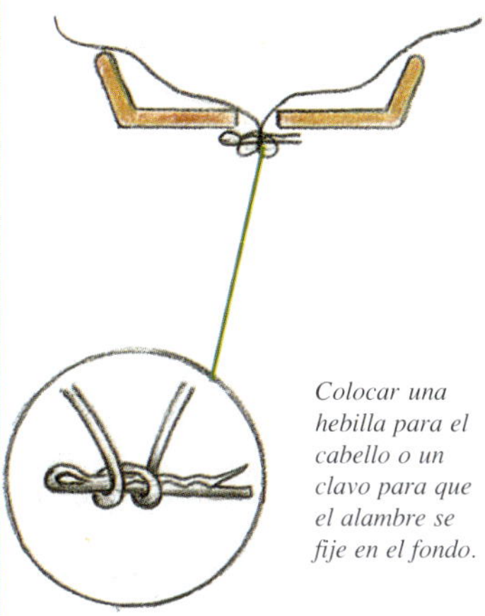

3. Colocar el sustrato

Poner en el fondo de la maceta 10 o 20% del sustrato de granos gruesos y luego colocar los granos medianos en forma cónica para poner el árbol encima.

Colocación de el alambre para sujetar la planta

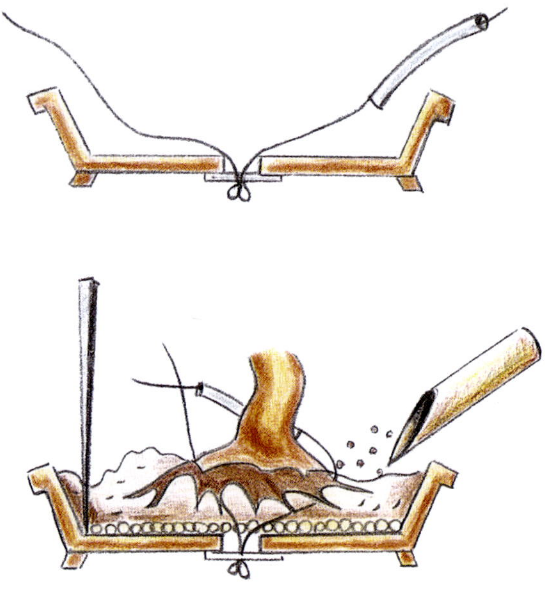

4. Cómo realizar el tratamiento del árbol

Si el árbol adquirido viene en una maceta, habrá que sacarlo con cuidado. Para que esto sea más fácil, introducir una pala plana y angosta (puede ser un cuchillo de mesa) desde el borde hasta el fondo de la maceta y deslizarlo por la pared como si se lo estuviera "desmoldando". Luego golpear el contorno con la mano con el fin de aflojar el terrón (conjunto de tierra y raíces). Sacar la planta acostada para evitar que caiga al suelo y se quiebren sus ramas.

Nota: Para trasplantar un árbol, conviene regar el día anterior con menor cantidad de agua. De esa manera será más fácil retirarlo de la maceta. Esto también sirve para que el bonsai necesite riego y absorba agua más rápidamente una vez hecho el trasplante.

5. Cómo tratar el terrón y las raíces

Coníferas: El ancho y alto del terrón deben ser, respectivamente, diez y cinco veces mayores que el diámetro del tronco.

Para darle al terrón el tamaño que corresponde hay que picarlo desde abajo (cuidando de no lastimar las raíces) con dos palitos (del grosor de un lápiz) que tengan punta delgada pero no demasiado puntiaguda. Cortar con tijeras filosas las raíces que sobresalgan.

Cortar la raíz principal (la más gruesa) cerca de la base del tronco, dejando sólo las raíces más finas.

Otras especies: El ancho y alto del terrón deben ser, respectivamente, ocho y cuatro veces mayores que el diámetro del tronco.

Cortar las raíces de la misma forma que se hace con las coníferas.

En todos los casos se debe cubrir el corte de la raíz principal con pasta cicatrizante o polisulfuro de calcio, para evitar que se pudra.

Es conveniente aprovechar la oportunidad para observar el estado de las raíces. Hay que cortar desde la base aquellas que no están sanas y eliminar el sustrato que las rodea. También se pone en orden la dirección de las raíces, cortando además en su curva aquellas que se crucen con otras y queden colgadas de manera natural.

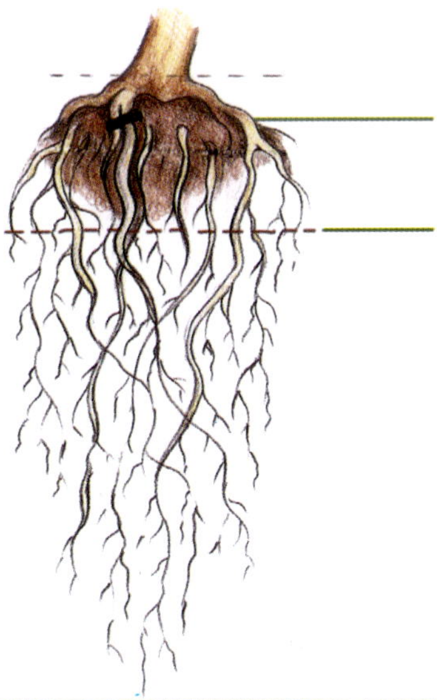

Quitar el terrón superior que cubre las raíces y la mayor parte de tierra que cubre las raíces.

Nivel de corte de las raíces antes del trasplante.
Cortar las raíces especialmente gruesas en su oigen, debajo del centro del tronco,

Nota: Es muy importante que las raíces no se sequen antes de plantar el árbol. Si el trasplante se demora es imprescindible mojar el terrón con pulverizador.

6. Elegir la "cara" del árbol para el trasplante

Después de observar bien el bonsai hay que decidir qué lado será el frente del árbol, ya que la posición influye de manera definitiva sobre la forma que se dará a la planta después.

El tronco puede estar inclinado hacia alguno de los lados, pero nunca debe quedar inclinado hacia atrás. Las dos ramas principales inferiores (Nº 1 y Nº 2) tampoco deben extenderse hacia atrás. En caso de tener múltiples troncos, vistos desde el frente, nunca deben quedar superpuestos.

Nunca debe haber una rama extendida directamente hacia el frente. Si una rama en esas condiciones es corta y está en diagonal hacia alguno de los lados, se puede conservar como una rama principal porque esa dirección dará un efecto de profundidad con respecto al tronco. Pero si la rama sale directamente hacia el frente, aunque sea corta, debe ser eliminada o habrá que cambiar un poco la mira del frente del árbol.

Una vez elegida la «cara» del árbol, colocarlo en la maceta haciendo presión sobre la punta del cono de sustrato. Girarlo poco a poco a derecha y a izquierda de modo que el sustrato se acomode bien entre las raíces.

7. Fijar el árbol

Para inmovilizar el árbol contra el viento o el agua se cruzan las puntas de los alambres atando el terrón con las raíces (en algunas especies se saca la tierra y quedan sólo las raíces).

El tubo plástico que cubre los alambres debe quedar protegiendo la parte que está en contacto con las raíces.

Cubrir hasta la base del tronco con granos medianos del sustrato.

Forma de sujetar la planta

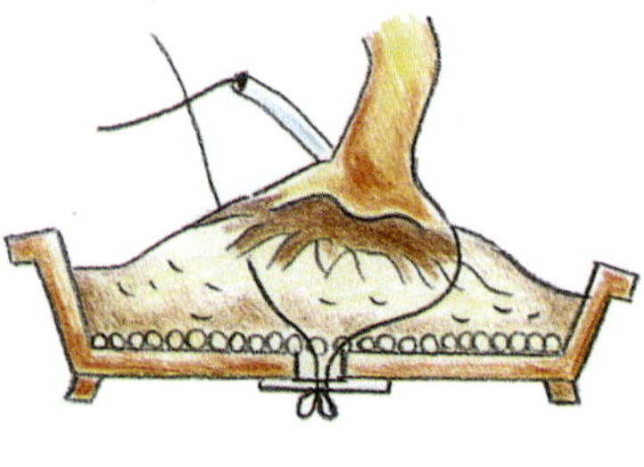

Insertar, con mucho cuidado para evitar el daño de las raíces, dos palitos juntos hasta el fondo de la maceta. Luego, con movimientos circulares de su extremo superior, se logrará que los granos se vayan acomodando mejor entre la raíces.

Una vez terminado este trabajo, se ajusta el largo del alambre, tirando desde el fondo exterior de la maceta. Volver a llenar el espacio con el sustrato de los granos medianos, hasta llegar casi al borde de la maceta.

Apretar con la mano —no demasiado pero con fuerza uniforme— el sustrato, yendo desde el borde hacia el árbol para que el sustrato no se corra con el riego.

8. Regar y fertilizar

Para terminar el trasplante se debe sumergir la maceta en agua hasta el borde durante dos minutos (véase bañado de maceta), con el fin de que salga el aire que hay entre los granos y para que éstos se acomoden mejor. Después de este proceso, regar de nuevo con bastante agua hasta que salga mucha agua por el hoyo del desagüe.

Luego podrá estar al sol durante todo el día.

Unos treinta días después del transplante comenzar a fertilizar usando la mitad de la cantidad de fertilizante, para que el árbol se vaya adaptando.

Árboles naturales

A continuación se explicará la manera de convertir los árboles del jardín, de un bosque o de la montaña en un bonsai (Yamadori): cómo elegirlos, desenterrarlos y la mejor manera de realizar el traslado y el trasplante.

La época ideal para el trasplante del árbol es a finales del invierno (TJ principio de la primavera). Puede extenderse hasta la mitad del verano pero no más tarde.

Paso a paso: cómo convertir árboles de jardín o de bosques en bonsai

1. Elegir el árbol adecuado

Buscar un árbol con el tronco no mayor a 5 cm de diámetro: es lo más práctico para facilitar el trabajo.

En primer lugar hay que observar en qué estado se encuentran las raíces. Para ello, se toma el árbol del tronco, a unos 10 cm por encima del suelo y se lo mueve hacia los lados.

Si en la base se forma un hueco circular, significa que el tronco es más delgado por debajo de la tierra que en la parte superior. Entonces no es recomendable para convertirlo en bonsai.

Si se forma un hueco ovalado hacia alguno de los lados, significa que tiene las raíces más crecidas de ese lado y les falta crecimiento a las raíces del lado opuesto. Habrá que decidir entonces si desenterrar el árbol elegido, sabiendo el estado de crecimiento de sus raíces, o buscar otro más adecuado.

Manera de saber la formación de las raíces

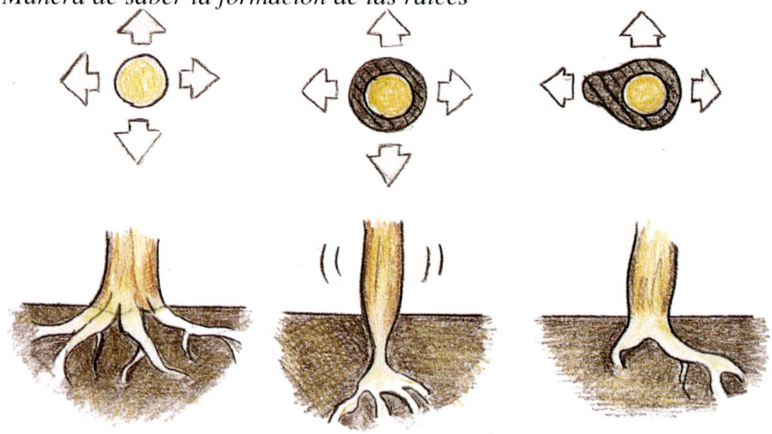

Lo árboles que tienen el tronco y las raíces en forma ideal no forman huecos alrededor del tronco.

Según la forma de los huecos se sabe cómo tienen sus raíces.

2. Desenterrar el árbol

Para desenterrar el árbol, excavar alrededor de la tierra —en diámetro y profundidad— una circunferencia diez veces mayor que el diámetro del tronco. Se debe tener cuidado para no lastimar la corteza ni las raíces del árbol dentro del área. Hay que podar las ramas largas en exceso.

Finalmente levantar el árbol sujetándolo firmemente por sus ramas y tronco teniendo especial cuidado de no romper las ramas.

Forma de reservar las raíces al desenterrar

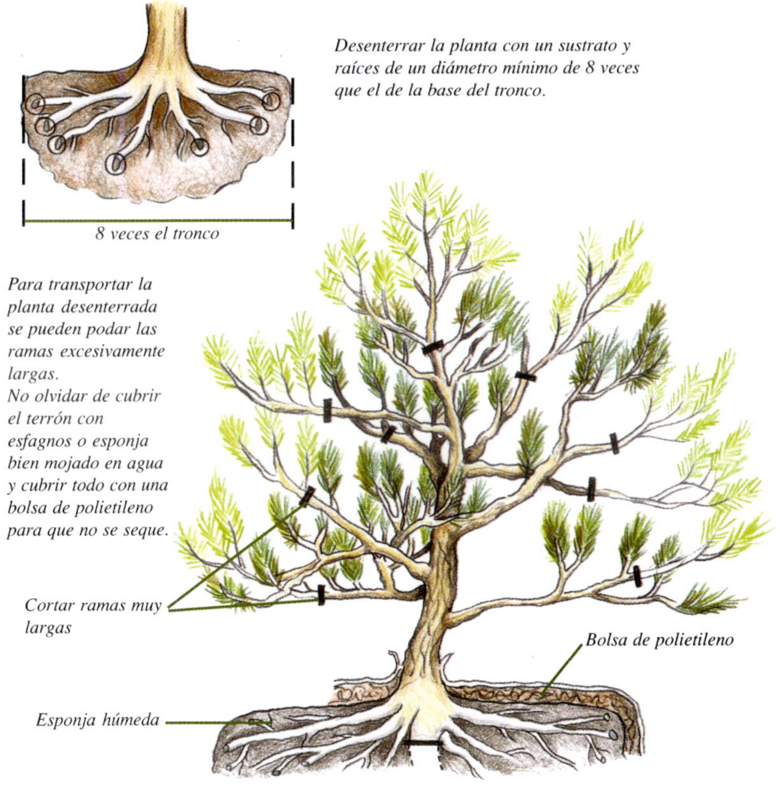

3. Trasladar el árbol

En primer lugar regar el terrón con un poco de agua. Luego envolver con musgo esfagno o esponjas, ambos mojados, y colocar dentro de una bolsa de plástico para mantener el terrón húmedo hasta que sea trasplantado a la maceta.

4. Trasplantar

Se sigue igual procedimiento que el detallado anteriormente a partir del paso 5 de la página 43: "Cómo tratar el terrón y las raíces".

Trasplante de *Juniperus aurea* (Ohgon Sinpaku)

Usando Akadama y Keiseki

Transformación de material original de vivero

1. Colocar una malla y fijar con alambre.

2. Colocar leca de tamaño grande.

3. Colocar los sustratos hasta la mitad.

7. Podar las raíces las raíces viejas.

8. Lavar las raíces.

9. Ubicar en la maceta definitiva.

13. Ajustar los alambres sueltos del fondo.

14. Pinzar las yemas crecidas.

15. Alambrar las ramas importantes.

Así debe quedar la planta terminada después del proceso.

4. Retirar la planta de la maceta original.

5. Limpiar y eliminar el terrón viejo.

6. Cortar las raíces pivotantes y las gruesas.

10. Fijar la planta con alambre.

11. Agregar sustratos nuevos y picar.

12. Podar en forma estética.

16. Alambrar las ramitas de hojas.

17. Dar últimos retoques luego de alambrar.

18. Sumergir en solución de hormona enraizante.

Capítulo 4

MULTIPLICACIÓN DE ÁRBOLES

Una vez que comience el cuidado de cada uno de sus bonsai, podrá manejar la multiplicación de los árboles aprovechando los ejemplares que tiene en su colección. Lea atentamente las explicaciones que desarrollamos a lo largo de estas páginas acerca de cómo multiplicar los ejemplares con los árboles disponibles en su jardín.

SHINPAKU *(Juniperus sargentii)*, MAEHIME de Takeo Kawabe.

Métodos para multiplicar árboles

Los modos de obtener árboles que aquí abordaremos son el esqueje, el acodo aéreo, el injerto y la siembra, por ser los más usuales, prácticos y eficientes.

Esqueje

El esqueje es el método más popular, ya que se obtiene de una sola vez una buena cantidad de arbolitos. Es aplicable a casi todas las especies, salvo algunas excepciones.

Árboles que pueden multiplicarse por esqueje

Entre las coníferas, los que se obtienen por este método son:

CHABOHIBA (*Chamaecyparis obtusa*)
ICHII (*Taxus baccata*)
KARAMATSU (*Taxodium*)
KOMETSUGA (*Pseudotsuga menziesii*)
KONOTEGASHIWA (*Thuja orientalis*)
SHINPAKU (*Juniperus chinensis sabina*)
SUGI (*Cryptomeria*)

En qué época realizar el esqueje

Es posible hacer un esqueje durante los meses de agosto y septiembre (TJ marzo, abril y junio). En las coníferas mencionadas también en noviembre (TJ junio).

A continuación se especifican las épocas apropiadas para los demás árboles.

Izquierda: SATSUKI *(Azalea)*.

Épocas para el esqueje

Árboles	Época en zonas templadas para la Argentina	Tokio
Aljaba (*Fuchsia magellanica*)	Septiembre a fines de marzo	-
Arrayán (*Myrceugenella apiculata*)	Fines de mayo a fines de julio	-
Bugenbiria (*Bougainvillea glabra*)	Octubre a fines de noviembre	Junio
Choujubai (*Chaenomeles lagenaria*)	Octubre a fines de noviembre	Fines de mayo y agosto*
Gajumaru (*Ficus retusa, gayumaru*)	Fines de noviembre a fines de abril	Abril y junio*
Ibota (*Ligustrum sinense*)	Fines de noviembre a fines de abril	Marzo y abril
Inutsuge (*Buxus sempervirens*)	Octubre a fines de noviembre	Marzo, abril y junio*
Kaede (*Acer buergerianum*)	Fines de agosto a fines de septiembre	Fines de mayo
Momiji (*Acer palmatum*)	Fines de agosto a fines de septiembre	Fines de mayo
Kuchinashi (*Gardenia kimura*)	Fines de octubre a fines de noviembre	Mayo - Junio
Niwaume (*Prunus japonica variegata M.*)	Octubre a fines de noviembre	Fines de marzo y junio*
Pirakansa (*Pyracantha coccinea*)	Septiembre a fines de octubre	Abril y junio
Satsuki o Tsutsuji (*Rhododendron lateritium*)	Noviembre a fines de diciembre	Fines de marzo y junio*
Sharinbai (*Raphiolepis umbellata*)	Fines de agosto a fines de septiembre	Abril y junio*
Tsubaki (*Camellia*)	Noviembre a principios de diciembre	Junio
Zakuro (*Punica granatum*)	Fines de octubre a fines de noviembre	Abril y junio*

** En marzo - abril se utiliza la yema (tallo) de la temporada anterior y en junio se usa la yema de la temporada.*

Cómo realizar el esqueje

1. Elegir la materia prima y la forma

Para el esqueje usar las ramas (tallo) de la temporada actual o de la anterior, siempre que sean vigorosas y tengan sus hojas bastante crecidas.

Si es de la copa de la temporada actual, el largo del tallo debe tener entre 5 y 7 cm. Si es de la temporada anterior, debe ser de 8 cm.

Se corta en la punta inferior, en forma horizontal, con una tijera de dos filos y se sacan hojas inferiores dejando sólo tres hojas o yemas en la copa.

Debe tener una proporción de cuatro partes con hojas contra seis partes sin hojas.

Una vez cortado el esqueje, debe ser conservado en agua hasta ser plantado.

2. Preparar el almaciguero y esquejar

El almaciguero es el lugar en donde se insertarán los esquejes. No hace falta fabricar un almaciguero grande a menos que se desee obtener una gran cantidad de plantas.

Para confeccionarlo se puede utilizar un recipiente de plástico o una maceta de barro de tamaño normal, no muy profundos y con un hoyo en el fondo. Tapar el hoyo con la malla mosquitera, colocar 2 cm del sustrato de granos gruesos y sobre ellos la mitad con los granos medianos y otra mitad con granos finos.

Una vez terminado el trabajo, regar con abundante agua para ablandar el sustrato. Entonces realizar hoyos de 2 cm de profundidad en los lugares donde se plantarán los esquejes. Entre uno y otro hoyo dejar un espacio aproximado de 5 cm.

Plantar los esquejes y sumergir el almaciguero hasta el borde en agua con hormonas durante dos minutos. Volver a regar; esto sirve también para cubrir los hoyos.

3. Proteger contra el frío

En zonas donde se produce escarcha, se debe guardar el almaciguero bajo invernáculo o formar un invernadero provisorio con dos palos del mismo largo y un polietileno, dejando el lado de sotavento (opuesto al lado de donde viene el viento) medio abierto. Se mantendrá así durante un mes y medio regando con regadera fina cada vez que la superficie se encuentre seca.

4. Realizar controles posteriores

Riego: después de cuarenta y cinco días de estar cubierto, hay que retirar la cobertura de polietileno del almácigo o sacar los esquejes fuera del techo en horas del día durante tres días (se recomienda aplicar en este momento 0,2% de Captan para prevenir el moho). De esta manera se irán adaptando al ambiente (esto siempre y cuando no haya viento helado).

Durante este tiempo (tres días sin cobertura) regar una vez por día. Procurar que el ejemplar reciba el sol de la mañana, y evitar el de la tarde.

Ubicación y cuidado: pasados unos cincuenta días en total desde su plantación, colocar el sembradío donde haya sol y buena ventilación durante todo el día, aunque cuidando que no reciba viento helado directamente. Regar todos los días a menos que todavía haga mucho frío.

Aunque la mayoría de los esquejes demoran más o menos tres meses en enraizar, algunas especies sacarán raíces en seguida; esto se detecta porque empiezan a crecerles hojas.

Una vez comprobado que han echado raíces, se les debe suministrar una vez al mes fertilizante foliar (la dosis recomendada diluida a la mitad).

También se puede usar la tercera parte del fertilizante en bolitas de polvo una vez cada dos meses hasta fines de abril (TJ mediados de octubre). Seguir regando todos los días.

Cuando llegue el invierno, resguardar el almácigo nuevamente en invernáculo o bajo la cobertura de polietileno transparente. Regar todos los días con abundante agua.

5. Trasplantar los esquejes

Pasados doce meses trasplantar los esquejes convertidos ya en arbolitos a la maceta de cultivo individual, cortando una tercera parte de sus raíces.

Después de un mes podar la punta del árbol para dar más vigor al crecimiento de las ramas. Se debe seguir el mismo procedimiento de cuidado señalado más arriba para los árboles nuevos recién adquiridos.

Según la especie, el traspaso a la maceta individual se realiza en distintas épocas. A continuación se señalan los diferentes casos.

Traspaso según las especies

Época	Especie
A los seis meses	NIWAUME (*Prunus japonica variegata multiple duplex*)
A los veinticuatro meses	KAEDE (*Acer buergerianum*) MOMIJI (*Acer palmatum*) SHINPAKU (*Juniperus chinensis sabina*) KOMETSUGA (*Pseudotsuga menziesii*)

Pasados veinte días del transplante, deben ser fertilizados con bolitas de polvo de residuo de soja, una vez cada dos meses hasta fines de marzo (TJ fines de octubre).

Ejemplo de esqueje

La siguiente es una forma de esqueje practicada por los autores y es de uso aconsejado en zonas templadas de la Argentina (Buenos Aires).

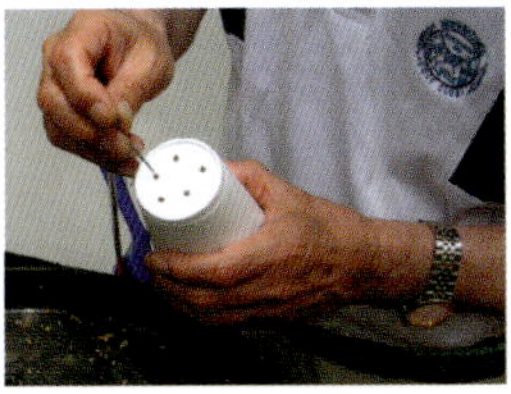

1. Realizar una perforación en un recipiente de telgopor.

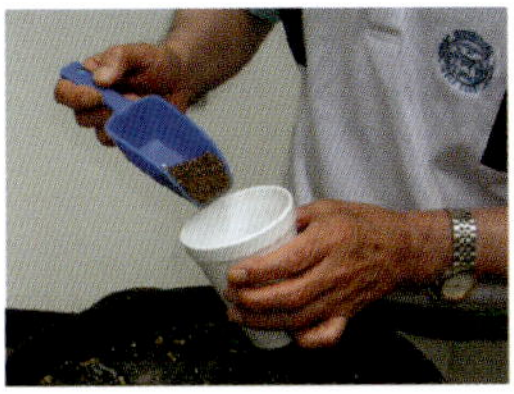

2. Colocar sustrato de arena gruesa o leca minúscula.

3. Colocar el tallo de la planta.

4. Insertarlo en un cubo de oasis de 2 cm de lado.

5. Colocar el esqueje y el cubo de oasis en un recipiente.

6. Cubrir el esqueje con sustrato.

7. Bañar el recipiente en agua con hormona enraizante.

8. Cubrirlo con un vaso de plástico transparente.

9. En el vaso superior se formarán gotas y no será necesario regar.

10. Así está después de 12 meses, listo para trasplantar.

11. Trasplantar a la maceta de cultivo definitiva.

12. Colocar el sustrato correspondiente.

13. Colocar alambre para sujetar la planta.

14. Cubrir bien con sustrato y apretar suavemente la superficie.

15. Trasplante terminado. Agregar musgo en la superficie de la maceta.

A continuación se señalan los momentos para el esqueje y el tiempo que demora en enraizar. Todos los datos de los esquejes consignados son resultados reales y comprobados por los autores.

Los momentos de esquejar

Especies	Momento de esqueje	Inicio de enraizamiento
Coníferas		
CHABOHIBA (*Chamaecyparis obtusa nana*)	Agosto y septiembre	entre 4 y 5 meses
ICHII (*Taxus baccata*)	Septiembre y octubre	3 meses
KARAMATSU (*Taxodium*)	Julio - Octubre	2 meses
KONOTEGASHIWA (*Thuja orientalis*)	Septiembre - Marzo	2 meses
SONARE (*Juniperus procumbens nana*)	Agosto - Noviembre	2 meses
SHINPAKU (*Juniperus cinensis sabina*)	Septiembre - Noviembre	2 meses
SUGI (*Cryptomeria*)	Septiembre y octubre	3 meses
Latifolias		
SATSUKI (azalea)	Noviembre y diciembre	2 meses
Arrayán (*Myrceugenella apiculata*)	Agosto y septiembre	3 o 4 meses
GAJUMARU (*Ficus retusa*)	Noviembre y diciembre	1 mes
MOMIJI (*Acer palmatum*)	Agosto y septiembre	4 o 5 meses
(Ligustrina)	Todo el año excepto el invierno	2 meses
(*Ulmus pumila*)	Julio y agosto	2 meses

Acodo aéreo

El acodo aéreo es otra forma eficaz de conseguir un nuevo arbolito, aunque con este método no se pueden obtener varios arbolitos de una vez, como en el caso del esqueje y la siembra.

Cómo utilizar las partes defectuosas de un bonsai

Se puede aplicar acodo aéreo para hacer mejor uso de un árbol no atractivo por tener demasiado espacio entre las ramas u otro motivo.

A) Sirve para transformar el estilo de múltiples troncos.

B) Sirve para el estilo de doble tronco.

El diámetro ideal de la rama para acodar es de 1 cm. Si es de mayor tamaño, es más difícil obtener un buen resultado.

Árboles a multiplicarse por acodo aéreo

Este método es muy común para obtener coníferas.
Entre otros tipos de árbol se obtiene rápido resultado con:

CHOUJUBAI (*Chaenomeles lagenaria*)
NIWAUME (*Prunus japonica variegata multiple duplex*)
KUCHINASHI (*Gardenia kimura*)
SATSUKI O TSUTSUJI (*Rhododendron lateritium, azalea*)
SHARINBAI (*Raphiolepis umbellata*)
TSUBAKI (*Camelia*)

Paso a paso: cómo realizar el acodo

1. Despejar, el modo más seguro

Hay tres modos de acodo aéreo:

- Despejo de corteza en forma de anillo.
- Corte en bisel ascendente del tronco.
- Atado con alambres de la corteza.

En los tres casos se coloca al arbolito en una maceta chica de plástico o una bolsita de nailon.

En el presente texto se explica el despejo de la corteza en forma de anillo ya que, según nuestra experiencia, es el modo más seguro y eficiente de obtener una planta de tamaño regular, en poco tiempo. Es aplicable a todas las especies y sobre todo a las plantas de la familia del Ficus.

2. Seleccionar el arbolito

Para obtener un buen resultado es importante que el arbolito seleccionado para el acodo esté sano y fuerte, después de haber recibido suficiente fertilizante durante la temporada anterior. Hay que observar bien el estado de las hojas: si se trata de una conífera, debe tener vivos su color y su brillo. Si es de otra especie, procurar que sea un tronco o una rama con varios brotes de hojas.

Forma de obtener el material

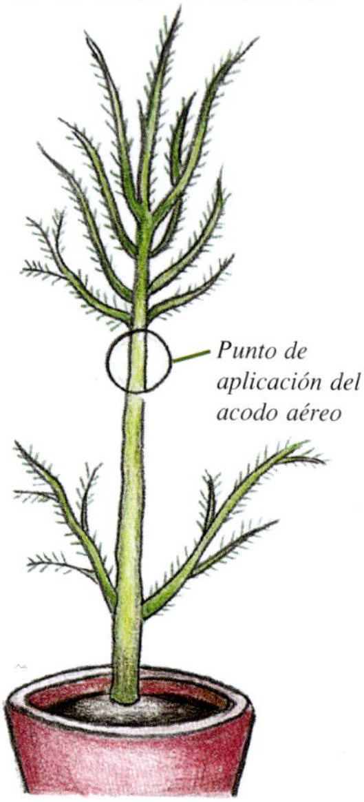

El momento oportuno

En el caso de coníferas, el mejor momento para realizar esta tarea es entre mediados de agosto y mediados de octubre (TJ entre mediados de marzo y mediados de abril). Cabe aclarar que en Buenos Aires es aplicable desde la primavera hasta fines del verano sin mayor inconveniente, para todos los árboles de todas las especies.

En cuanto al KUROMATSU (*Pinus thunbergii*), la mejor época es la segunda quincena de octubre (TJ fines de mayo). En el caso de las otras especies, no recomendamos este método, ya que la mejor manera de obtener los arbolitos es a través del esqueje.

3. Realizar cortes en la corteza

Se debe seleccionar una parte del tronco o de una rama entre 10 y 30 mm de diámetro. Cortar con una navaja filosa sin grasa la circunferencia de la corteza en la parte inmediatamente inferior de una rama, por donde se haya elegido que crezcan nuevas raíces. El corte debe ser una línea ondulada que llegue hasta debajo de la corteza, para facilitar la salida de las raíces.

Hacer otro corte en la corteza de igual modo a 2 cm más abajo del primer corte. Despejar la corteza entre los dos cortes.

4. Preparar una maceta pequeña

El acodo puede realizarse con una maceta pequeña de plástico flexible, de las que se consiguen en cualquier vivero, para ser colocada en el árbol a acodar abrazando el tronco (tallo) o a la rama donde se ha despejado la corteza.

Para ello se corta esta pequeña maceta a lo largo desde el borde hasta el hoyo de desagüe (éste debe tener el tamaño del tallo que abraza). Así quedará abierta para poder colocarla alrededor del lugar en el que se realizará el acodo.

Una vez preparada colocar en el lugar del acodo, sin elegir todavía una posición fija. Luego se practican dos hoyos en el borde superior para pasar dos cordones que sujetarán la macetita al árbol.

5. Colocar la maceta

Cubrir la zona descortezada con un poco de musgo de esfagno y colocar alrededor la macetita, cerrando el corte lateral con una cinta adhesiva. Luego sujetar a las ramas con los cordones, como una canasta.

Llenar la maceta con sustrato de granos medianos hasta llegar casi al borde. Luego cubrir la superficie con musgo esfagno para que los granos no se desborden en el caso de que llueva.

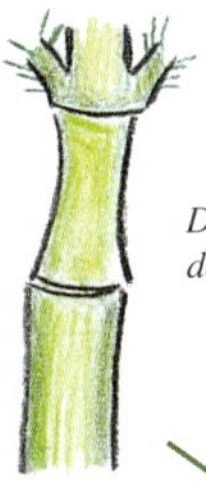

Despejar la corteza en forma de anillo.

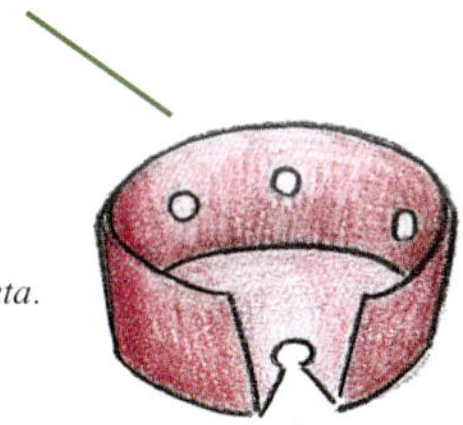

Maceta.

Colocar la maceta alrededor del anillo obtenido.

Nota: en lugar de maceta puede usarse una bolsa de polietileno transparente colocada alrededor de la parte elegida como si fuera una faja, llena de musgo esfagno bien mojado en agua y sellada en los bordes. Luego cubrir con nailon para dar oscuridad.

6. Riego

Una vez terminados los procesos anteriores, regar ambas macetas con suficiente agua (la maceta pequeña colocada anteriormente y la maceta principal en la que está plantado el árbol). Después sumergir la maceta principal durante dos minutos y dejarla a la intemperie de manera que la planta reciba suficiente luz solar.

Regar las dos macetas todos los días. Si todavía hay escarcha se debe poner el árbol bajo invernáculo durante las noches, hasta que la temperatura sea más alta.

Es necesario que nunca falte agua al arbolito que va a seleccionarse por acodo.

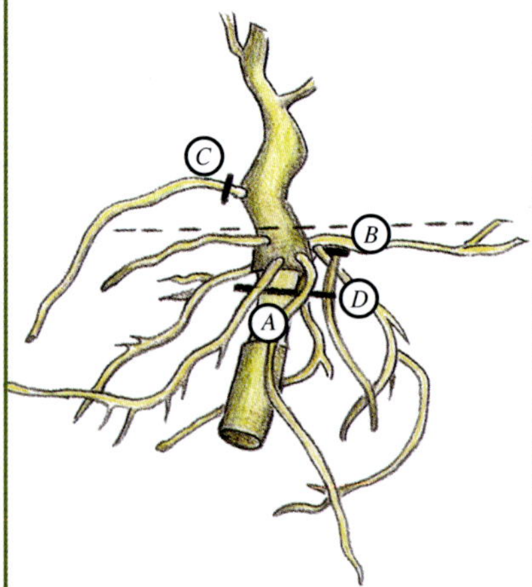

Antes de plantar en la maceta, debe cortarse en el punto A, dejando un poco largo en parte superior.
La línea B es la superficie del sustrato en la maceta.
Cortar desde la base la raíz que sale del suelo C.
Cortar la raíz gorda que se bifurque de otra raíz D

7. Separar el acodo

Entre tres y cuatro meses después, cuando se observe que las raíces han crecido y comienzan a asomar por los hoyos del costado de la macetita, cortar los cordones que atan la macetita al árbol y el tronco o a la rama en la parte inmediatamente inferior a la macetita. A continuación se realiza el trasplante.

Otra forma de macetita

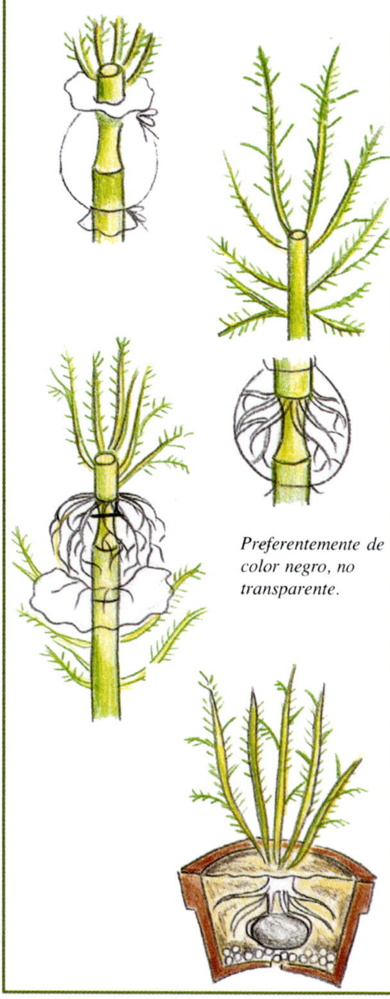

8. Trasplantar

Antes de plantar la parte acodada en la maceta, sacar la macetita o la bolsa de plástico.

Colocar el acodo en agua y debajo de ésta quitar con pinzas el musgo esfagno de entre las raíces, con mucho cuidado para no lastimarlas.

Plantar el acodo en la nueva maceta con las raíces extendidas cubriéndolas con sustrato de granos medianos hasta completar 1 cm del tallo.

Sumergir la maceta hasta el borde de dos minutos en agua para que se absorba el sustrato y se acomode entre las raíces.

1. Quitar la macetita o bolsa de plástico.

2. Podar las ramas indeseadas.

3. Eliminar el musgo esfagno y limpiar las raíces.

4. Colocar en la maceta de cultivo.

5. Colocar el sustrato.

6. Bañar la maceta en agua.

Colocar la maceta en un lugar donde le dé el sol de la mañana. Pasados veinte días, comenzar a fertilizar de a poco con fertilizante foliar. Regar todos los días. Es importante al inicio del invierno resguardarla de las escarchas.

En la primavera siguiente trasplantar a la "maceta de cultivo": separar con tijeras el resto del tronco que quedó entre las raíces del acodo y cubrir el corte con cicatrizante.

Arrayán.

Injerto

Los injertos se usan para conservar y multiplicar las especies fuertes, las inusuales y/o las escasas. También se usan para agregar ramas o hacer un nuevo tronco.

El injerto tiene diferentes nombres según el punto de aplicación o el modo en que se realiza. Por ejemplo: MOTOTSUGI (injerto en la base del tronco), WARITSUGI (injerto en la copa cortada de un árbol), NETSUGI (injerto de la raíz al tronco), EDATSUGI (injerto en un tronco o en una rama del árbol), YOBITSUGI (injerto de aproximación al tronco de un árbol).

En el presente capítulo abordaremos los primeros dos casos, ya que son los más utilizados por sus buenos resultados. Los últimos tres casos no son para multiplicar árboles.

El injerto es un método bastante común. Sin embargo en la Argentina no se lo utiliza para multiplicar plantas, sino para agregar ramas a los árboles. Sobre esto se hablará más adelante.

El arbolito receptor debe tener dos o tres años cumplidos. El injerto se obtiene de una yema de un año o de un esqueje de dos años que tenga 4 o 5 cm de largo.

Árboles en los que se puede aplicar el injerto

Entre las coníferas
KUROMATSU (*Pinus thunbergii*)
MYUGOMATSU (*Pinus mugo mughus*),
SHINPAKU (*Juniperus chinensis sabina*)

Entre las latifolias
KAEDE (*Acer buergerianum*)
MOMIJI (*Acer palmatum*)
TSUBAKI (Camelia)

SHINPAKU *(Juniperus chinensis sabina).*

Paso a paso

Injerto en la base de un árbol receptor (MOTOTSUGI)

1. Preparar una maceta de cultivo

Preparar una maceta con malla en el fondo, sustrato de granos gruesos y un poco de granos medianos para plantar el arbolito receptor al terminar el injerto.

2. Preparar el arbolito y el injerto

Podar la punta del arbolito y las hojas inferiores innecesarias (como se muestra en el dibujo) para que la energía de la planta se transmita al injerto.

Separar con cuchillo una yema (tallo) de una rama de casi un año. O tomar un esqueje de dos años que tenga 4 o 5 cm de largo, quitándole la mitad de las hojas inferiores.

Época para injertar

El injerto en las coníferas, en el KAEDE (*Acer buergerianum*) y en el MOMIJI (*Acer palmatum*) debe realizarse entre fines de julio y fines de agosto (TJ entre fines de febrero y principios de abril). En principio el injerto y el árbol receptor deben ser de la misma especie. La planta receptora debe tener más de dos o tres años y entre 15 o 20 cm de alto.

Para el KUROMATSU (*Pinus thunbergii*) el momento oportuno es fines de septiembre (TJ principios de junio).

Cortar ambos costados de la punta de la yema (un corte de un 1 cm), pero con la mitad de la medida en-

Preparación de injerto al modo MOTOTSUGI

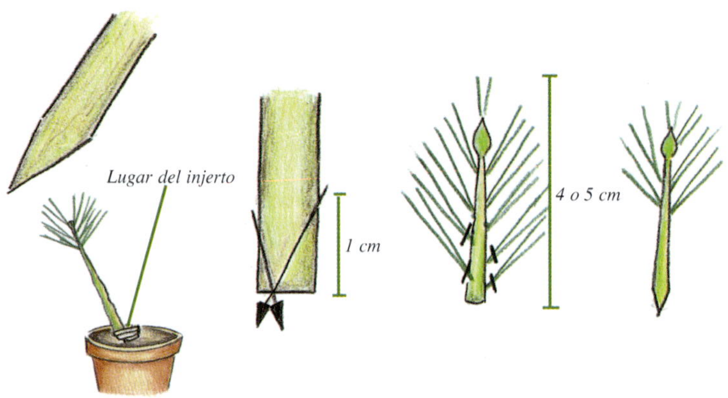

tre un costado y otro para darle la forma de cuña de un triángulo escaleno. El injerto está listo.

3. Realizar el injerto

Realizar un corte angular en el árbol receptor hasta llegar a la madera e insertar, antes de que se seque, la punta del injerto en ese lugar, juntando el cambium de los dos. Se llama *cambium* a la capa que existe entre la corteza y el sámago (madera del tronco o la rama). Es donde se generan los nuevos tejidos del árbol. También tiene la función de ser conductor de agua.

Sujetar firmemente la unión con cinta vinílica de manera que no entre agua en la unión cuando sea la hora de regar.

Para unir el cambium de las dos partes no hay que insertar el injerto en el centro del corte, sino en uno de los extremos pero sin salirse del área del corte.

4. Plantar el árbol receptor

Colocar el árbol receptor (con el injerto) en la *maceta de cultivo*. La posición del injerto tiene que ser vertical para que el árbol quede inclinado y con sus raíces extendidas.

Sumergir la maceta en agua hasta el borde dos minutos para que el sustrato absorba y se acomode entre las raíces. Regar de nuevo con bastante agua. Hay que tener especial cuidado para que no entre agua dentro de la unión.

Colocar la maceta donde reciba el sol de la mañana. Resguardarla del frío durante veinte días y regarla dos o tres veces por día.

Plantar el conjunto en la maceta de cultivo

Plantar el injerto de manera que el esqueje quede vertical.

A partir del día que se planta, regar 2 o 3 veces por día.

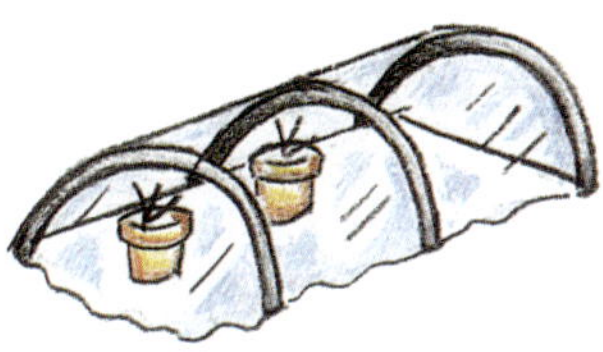

Una vez plantada se protege con vinilo y se la acostumbra al aire y sol hasta que comiencen a reaccionar las hojas del injerto luego de 15 días.

A los tres meses se comienza a fertilizar.

A los cuatro meses se corta la parte superior dejando unas 8 hojas para dar mayor vigor al arbolito.

5. Los cuidados posteriores

Cuando las hojas nuevas del injerto hayan crecido, más o menos a principio de diciembre (TJ a mediados de mayo), se deben podar las hojas superiores del árbol receptor y sacar la maceta a pleno sol. Continuar con el riego 2 o 3 veces por día.

Podar la punta del injerto para que no crezca en altura sino que se ponga más robusto.

Al comenzar el verano humedecer el injerto diariamente. A mediados del verano retirar la cinta de vinilo y podar las puntas de las yemas para controlar las ramas. Por último fertilizar de a poco con fertilizante foliar.

6. Segunda temporada. Trasplantar a una maceta más grande.

A fines de septiembre (TJ a principios de abril) trasplantar en una maceta de cultivo más grande. Podar la punta del injerto para fortalecer el nuevo arbolito. En la tercera primavera trasplantarlo a la maceta definitiva de bonsai.

En el caso de Kuromatsu (*Pinus thunbergii*), éste debe trasplantarse a una maceta de cultivo recién en la tercera temporada.

Cuidado en la segunda temporada

En la 2ª temporada, mediados de l primavera cortar la pun del injerto y otros brotes inferiores par fortalecerlo.

También se podan los nuevos brotes en el arbolito receptor. Se trasplanta a otra maceta de cultivo más grande, excepto el Pinus thumbergii, *que se trasplanta a la 3ª temporada.*

Corte para separar la planta receptora.

A la 3ª temporada se separa el arbolito de la planta receptora cortando su tronco.

Iniciar la colocación del alambre en el tronco y las ramas durante la época de baja temperatura

Nota: en caso de un Kuromatsu (*Pinus thunbergii*) hay que esperar un año para realizar este proceso, ya que su crecimiento es lento.

A principio de mayo (TJ a principio de diciembre) colocar la maceta para que esté protegida de posibles escarchas.

Injerto en la copa del arbolito receptor (Waritsugi)

1. Preparación, injerto y árbol receptor

El injerto, el árbol receptor y los momentos del proceso son iguales al anterior Mototsugi.

Practicar un tajo de 1 cm de profundidad en la punta cortada del árbol receptor. Insertar la punta del injerto, no en el centro sino a un lado de la hendidura, de manera que el cambium de los dos se una. Atar firmemente con cinta de vinilo y luego sumergir la maceta en agua hasta el borde. Regar después con suficiente agua y mantener la maceta donde reciba el sol de la mañana. Protegerla contra el frío durante veinte días y regarla dos o tres veces al día.

Momento de aplicación

La época recomendada para esta operación es la misma que se explicó para la anterior Mototsugi.

Es un modo muy rápido y eficiente. Sin embargo, para las coníferas en la Argentina se aplica poco, porque no tiene mucha utilidad. En cambio, es bastante usual para los árboles de otras especies.

En este método se une el injerto a la copa recortada del árbol receptor. El corte de la copa debe ser horizontal para no tener dificultad en hacer un tajo.

Injerto en la copa

Excepto el lugar donde se injerta, es casi igual al modo Mototsugi.

El arbolito receptor debe tener unos 3 años de vida.

Cortar la punta en forma vertical y abrir por la mitad.

Insertar el injerto.

Asegurar la unión con cinta plástica.

Después de 2 años se le aplica acodo aéreo para obtener un mejor árbol.

2. Realizar cuidados posteriores

A las tres semanas se debe poner la maceta al sol durante todo el día. A principios del verano fumigarla dos veces al mes.

A mediados de enero (TJ a mediados de junio) incorporar una pequeña cantidad de fertilizante y quitar la cinta de vinilo.

A fines de mayo (TJ a fines de noviembre) dejar de fertilizar y guardar la maceta donde las bajas temperaturas no congelen el agua.

3. Segunda temporada. Trasplantar el arbolito

A fines de septiembre (TJ a principios de abril) trasplantar el injerto (ya hecho árbol) a una maceta de cultivo de mayor tamaño. En la tercera primavera volver a trasplantar a una maceta de exhibición, como un árbol adulto.

También se puede dejar el arbolito en la maceta de cultivo durante dos o tres años más y aplicar el método de acodo aéreo para obtener un mejor árbol.

Similar a Ezomatsu *(Picea excelsa)*.

Siembra

La siembra es el método de multiplicación de ejemplares a partir de semillas. Estas semillas pueden obtenerse de los mismos ejemplares a partir de la cosecha o compradas en vivero.

Época de siembra

La época de siembra es entre mediados de agosto y mediados de septiembre (TJ en la segunda quincena de marzo), excepto para el PIRAKANSA (*Pyracantha coccinea*), que se siembra un mes antes.

Árboles que pueden obtenerse mediante la siembra

ITOSUGI (*Cupressus pyramidalis*)
KARAMATSU (*Taxodium*)
KUROMATSU (*Pinus thunbergii*)
MYUGOMATSU (*Pinus mugo mughus*)
SUGI (*Cryptomeria*)
IBOTA (*Ligustrum sinense*)
KAEDE (*Acer buergerianum*)
KUCHINASHI (*Gardenia kimura*)
MOMIJI (*Acer palmatum*)
Ombú (*Phytolacca dioica*)
Palo borracho (*Chorisia insignis*)
TSUBAKI (*Camellia*)
ZAKURO (*Punica granatum*)

Éste es el mejor método para obtener arbolitos con raíces fuertes y con la forma del tronco ideal para crear la figura deseada de bonsai. La desventaja es que se demora entre tres y cuatro años para tener los arbolitos en la *maceta de cultivo*.

Paso a paso: cómo obtener semillas

1. Cosechar las semillas y conservarlas

Cosechar las semillas en otoño y secarlas a la sombra durante dos semanas. Guardarlas en una bolsa de vinilo con pequeños hoyos (para la ventilación) junto con arena mojada. Cerrar bien la abertura de la bolsa con un cordón. Luego colocarlas en la heladera —no congelar— para que se conserven.

Ejemplo para obtener semillas de pino

Preparar las semillas de Pinus.

Recolectar las semillas cuando se abren las escamas en otoño.

Secar a la sombra durante una semana.

2. Seleccionar las semillas en el momento oportuno

Sacar las semillas un día antes de la siembra en la segunda quincena de agosto (TJ primera quincena de marzo). Colocarlas en agua durante un día y una noche. Seleccionar aquellas semillas que estén hundidas en el agua (las que quedan flotando en la superficie no sirven).

3. Preparar el sembradío

Para la siembra en la Argentina es eficaz el uso de semillas grandes en pequeños vasos de plástico. Trasplantar directamente a la maceta de cuidado salteando el trasplante del vástago a otro almácigo. Allí se deja durante dos años.

4. Preparar el sustrato

Antes de sembrar las semillas grandes, colocar en el fondo del almácigo 1 cm de granos gruesos de arena. Luego cubrir con granos medianos.

Si se usan semillas chicas, cubrir los granos gruesos con 3 cm de granos finos.

5. Cómo sembrar

Si se siembran semillas grandes, colocar las semillas verticalmente con la punta hacia abajo, a una distancia de 5 cm entre cada una. Luego cubrirlas con el mismo sustrato, con una capa que sea dos veces el tamaño de la semilla.

Si se están sembrando semillas chicas, ubicarlas de manera esparcida y uniforme. Cubrirlas apenas con el sustrato de granos finos.

Tratamiento de siembra

Guardar las semillas en bolsas de polietileno con arena humedecida. Abrir pequeños orificios para que respiren y colocarlas en el refrigerador.

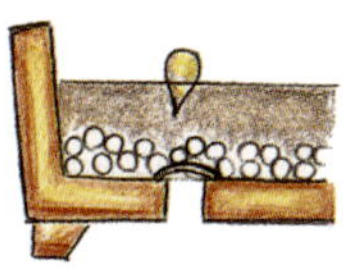

Seleccionar las semillas y sembrar con la punta hacia abajo.

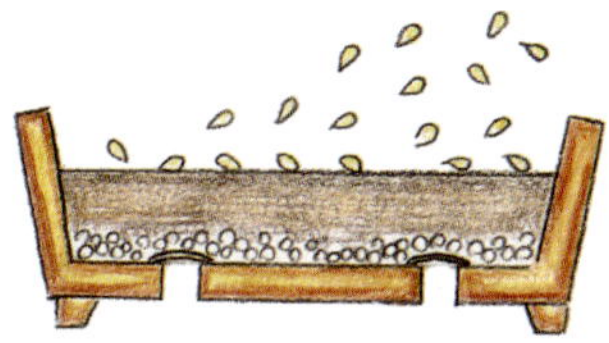

Otras semillas más pequeñas se siembran esparcidas sin que se agrupen.

Las semillas sembradas se cubren con una capa de estrato de granos finos de 5 mm. En el caso de pinus, se recubre con granos 2 veces el grosor de las semillas. Después bañar hasta la mitad de la profundidad del sustrato y regar con pulverizador.

Después de un mes asomarán los brotes. Cuando midan 3 cm, eliminar los que no sean rectos para que la distancia sea de 10 cm cuando se abran las hojas de la punta.

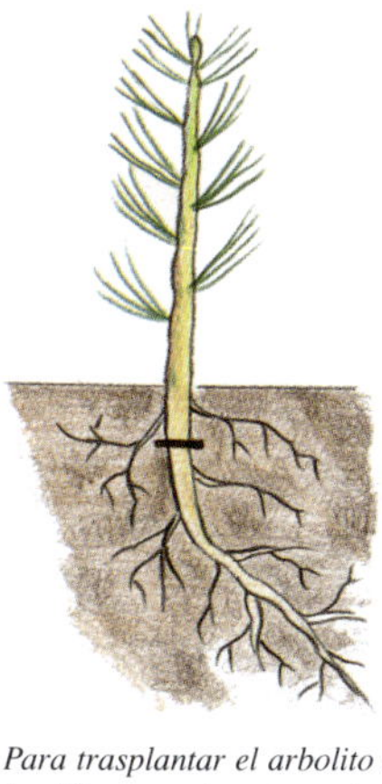

Para trasplantar el arbolito a los 12 meses, desenterrarlo y cortar las raíz principal gruesa y dejar 3 raicillas superiores.

Extender las raíces en forma horizontal y colocarlo en una maceta de cultivo. Sujetar el tronco para inmovilizar contra el viento.

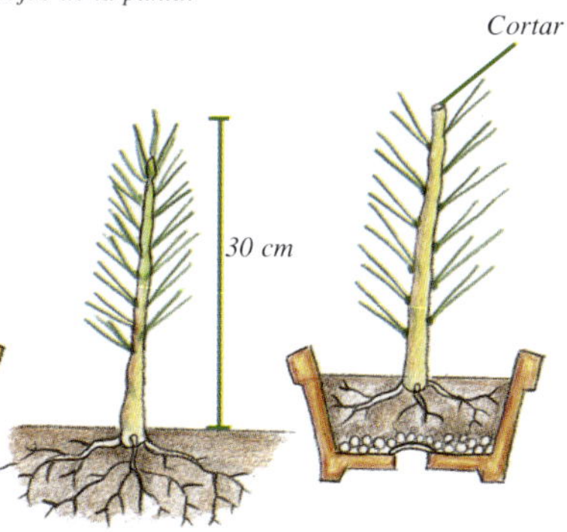

Cuando el arbolito crezca hasta los 30 cm, cortar la punta para detener su crecimiento.

6. Cómo regar

Luego de terminar de cubrir las semillas, sumergir el almácigo en agua durante dos minutos hasta la mitad del sustrato. Luego regar con suficiente cantidad de agua.

Si son semillas chicas, usar un pulverizador; esto evitará desterrarlas con la fuerza de la caída del agua.

7. Ubicar el almácigo

Se puede mantener el almácigo dentro de una vasija con agua que llegue hasta arriba del nivel de los granos gruesos.

Colocar el sembradío donde no se forme escarcha y no se congele el agua de la vasija, pero donde reciba sol. Cuidar que nunca le falte agua.

8. Realizar controles posteriores

Regar todos los días. Germinarán dentro de los veinte o treinta días. Una vez emergidos los brotes, esparcir 0,2 % de Captan o Almacigor para prevenir el moho (*dumping off*). Ir exponiendo el sembradío de a poco a la intemperie.

En el caso de ser un KUROMATSU (*Pinus thunbergii*) o MYUGOMATU (*Pinus mugo mughus*) existe la posibilidad de esquejarlos a un año de su germinación. Esto asegura muy buenos arbolitos para trasplantarlos a la maceta de cultivo en la tercera temporada.

9. Fertilizar

En la primera quincena de noviembre (TJ entre principios de julio y fines de agosto) se debe fertilizar por primera vez con una pequeña cantidad de polvo. Rociar sobre la superficie sin que el fertilizante toque los brotes directamente.

Si se han sembrado coníferas, volver a fertilizar a principios de abril (TJ a principios de octubre) y luego no fertilizar más hasta la próxima primavera.

Si son plantas de otras especies, fertilizar con poca cantidad de polvo todos los meses hasta fines de abril (TJ hasta fines de octubre). Cuidar que el fertilizante no toque los arbolitos directamente.

Regar todos los días. La fertilización debe terminar antes de que comience el invierno. Colocar el almaciguero protegido de la escarcha. Continuar regando.

10. Segunda y tercera temporadas. Trasplantar a la maceta de cultivo

Trasplantar los arbolitos a la maceta de cultivo en la primera quincena de septiembre (TJ fines de marzo y principios de abril), cortando la raíz principal. Luego efectuar el baño y continuar regando con abundante agua.

Podar las yemas de la punta del arbolito, excepto una, para que siga creciendo.

En la tercera temporada, a mediados de septiembre (TJ principio de abril), podar la punta del árbol para detener su crecimiento a esa altura. Entresacar las hojas para acelerar el brote de las yemas que luego serán ramas.

HIMERINGO *(Malus)*

Capítulo 5

Formación de los árboles

El bonsai es el arte de crear un árbol en forma diminuta. Por lo tanto es muy importante llevar adelante un cuidadoso control del crecimiento de su ejemplar para que vaya adecuándose a la imagen que usted concibe para él. Éste concepto de dar la forma a los árboles y hay varias maneras de dar esa forma. A continuación le explicamos las técnicas requeridas para lograr su objetivo.

Momiji *(Acer palmatum).*

Qué es la formación del bonsai

El bonsai, al igual que otras artes japonesas, consta de dos dimensiones. Esto significa que no es como un adorno floral para el centro de la mesa o como una escultura, que pueden apreciarse por todos los ángulos, sino que se mira sólo de frente. Por eso la selección del frente es de vital importancia para la formación del bonsai.

El bonsai también es, igual que la forma de pensar japonesa, un arte de restar. El concepto japonés de la expresión o del arte es el de la simplicidad. En contraposición con otras culturas, que consideran que agregando mayores elementos de adorno se expresa mejor la estética de una obra en Japón se retiran todas aquellas decoraciones u ornamentaciones que están de más, para resaltar la belleza de lo intrínseco.

Por lo tanto, cuando hablamos de la formación del bonsai, el factor fundamental es dejar sólo los elementos mínimos e indispensables, de acuerdo con este principio. Esto no se respeta tan estrictamente en todas las especies de bonsai, salvo en las coníferas. Por eso, como se ha dicho, el SHOUHAKU BONSAI (bonsai de coníferas) se considera "el bonsai de los bonsai" ya que en él se condensa la esencia de la expresión del arte del bonsai.

Izquierda: MANRYO *(Ardisia crenata)*; arriba: MYUOGOMATSU *(Pino mugo mughus)*.

Factores para tener en cuenta para los bonsai de coníferas

• Tener "la cara" del árbol bien definida.

• Las ramas deben estar en orden espiral desde abajo hacia arriba, y en sentido del movimiento de las agujas del reloj, vistas desde arriba.

• En el estilo de troncos múltiples, tener siempre número impar; nunca par.

• La formación del tronco y las ramas juega un papel muy importante en la expresión de la belleza: las ramas no deben tapar al tronco totalmente.

• Tanto el árbol como las ramas con sus ramitas y las hojas tienen que tener la forma de un triángulo escaleno. El árbol debe tener forma cónica.

Forma ideal del árbol de conífera

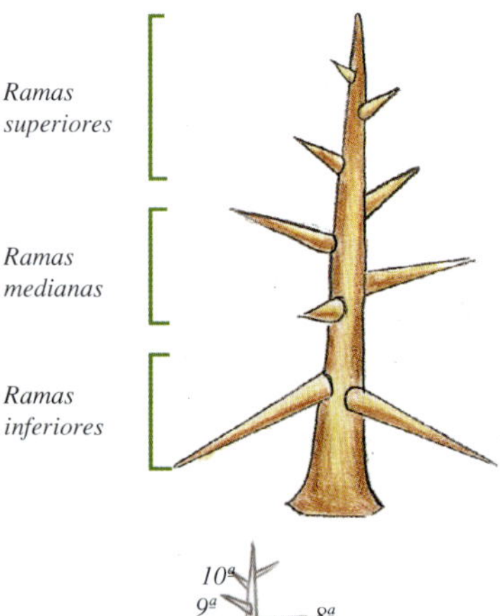

Forma de la distribución de las ramas

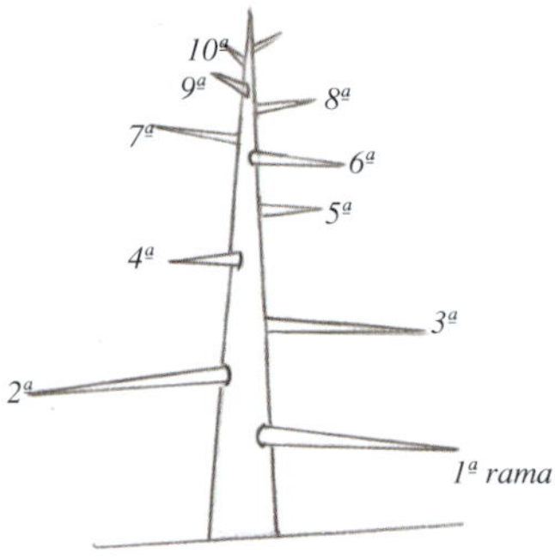

Dirección ideal de las ramas vista de arriba

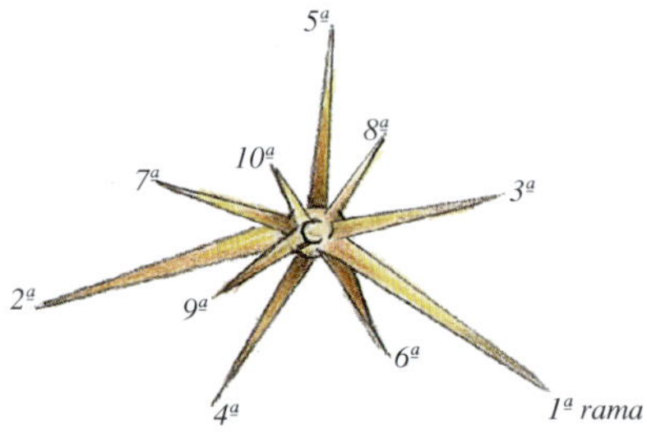

La forma de triángulo escaleno y el orden de las ramas principales es la base de la formación de bonsai.

Formación de las ramillas en triángulo

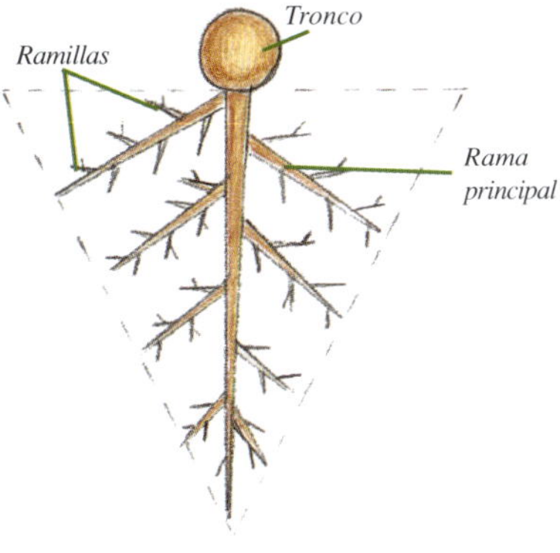

Factores para tener en cuenta en otras especies

En el caso de otras especies, especialmente las plantas latifolias, se sugiere tratar de reproducir en los bonsai las figuras naturales de los árboles al aire libre y en su estado natural.

Para entender lo mejor posible su forma, es conveniente observar los árboles en casa, en los parques, en los bosques, etc. Esto es muy útil para tener una clara idea de cómo se debe dar una figura mejor a los árboles.

El orden de las ramas

Las ramas se numeran desde la parte inferior a la superior del tronco. Lo ideal es que de la número 1 a la número 7 las ramas tengan forma de espiral. Es decir, que la número 1 vaya hacia un lado, la número 2 hacia el otro, la número 3 hacia atrás, la número 4 hacia el frente en diagonal, la número 5 hacia el costado, la número 6 hacia atrás, la número 7 hacia el otro costado y así sucesivamente.

La rama número 1 puede comenzar indistintamente del lado derecho o del izquierdo.

Las ramas largas número 1 y número 2 deben estar hacia los lados (nunca hacia atrás). Son las ramas que le dan vida al árbol. Las ramas cortas, en el frente, con un ángulo un poco en diagonal, también se consideran ramas principales, siempre que sean cortas. Éstas sirven para dar profundidad a la forma del árbol.

En principio, las ramas deben estar alternadas de un lado y del otro en forma recta. Para lograr esto se deben eliminar primero las ramas indeseadas (que señalaremos más adelante).

En cuanto al bonsai de coníferas, se respeta estrictamente la regla de formación: el triángulo escaleno visto desde el frente y costados y la forma cónica.

Aplicación de alambres

En los bonsai de coníferas, se aplican alambres a las ramas para perfeccionar la forma, según cada caso.

Los detalles sobre la forma de enrollar los alambres se encuentran más adelante, en los ítems correspondientes.

Control de ramas

Además de la formación de las raíces, de la forma de la base del tronco —sus dibujos y curvas—, el orden, la dirección y el largo de las ramas son factores muy importantes para el bonsai. Por eso es necesario controlar las ramas a medida que van creciendo.

Ramas principales

Se llaman *ramas principales* a aquellas que son importantes para la forma del árbol.

Las ramas que no tienen importancia para la formación del árbol se llaman *ramas indeseadas* y la eliminación de la mayor cantidad de éstas es una fórmula fundamental para la buena formación del bonsai (especialmente de coníferas), como también lo es la técnica de aplicación de alambres.

Para cualquier caso, el punto principal es definir primero la cara del árbol para convertirlo luego en un bonsai. Por eso hay que observar bien el árbol de frente, de atrás y de los dos costados, inclusive desde arriba, e imaginar, crear la imagen del árbol en el futuro.

Una vez determinado el lado que será el frente, se puede tener una idea clara de cómo será el árbol y según esta idea se pueden comenzar a podar las ramas indeseadas, dejando las principales (que tomarán parte de la formación del bonsai).

Métodos para agregar ramas

Al inicio de este capítulo hablamos de que el bonsai es otra de las artes japonesas en las que hay que restar elementos para expresar la belleza.

Una de las pocas excepciones a esta regla, en la que se agregan ramas en vez de quitárselas, es la que explicaremos a continuación. Esto sólo se aplica a un árbol al que le falte una rama para tener la forma ideal. Esperamos que de ninguna manera se vaya a confundir con una manera de reponer una rama cortada por error.

Injerto de ramas (Edatsugi)

Opuesto a la poda, es un modo de agregar una rama con el fin de perfeccionar la forma del árbol. Se aplica a una parte específica del tronco o de una rama que tiene como mínimo cinco años de vida.

Este método tiene la ventaja de poder agregar una rama donde se desee y es muy eficiente. Sin embargo, tiene el defecto de que la parte injertada tiende a engordar más de lo que uno espera, aunque esto no siempre ocurre.

Época para injertar ramas

El mejor momento para el injerto es en julio y agosto (TJ marzo y abril).

Cuando hay demasiada distancia entre nudos o cuando estime conveniente, aplicar el injerto de ramas.

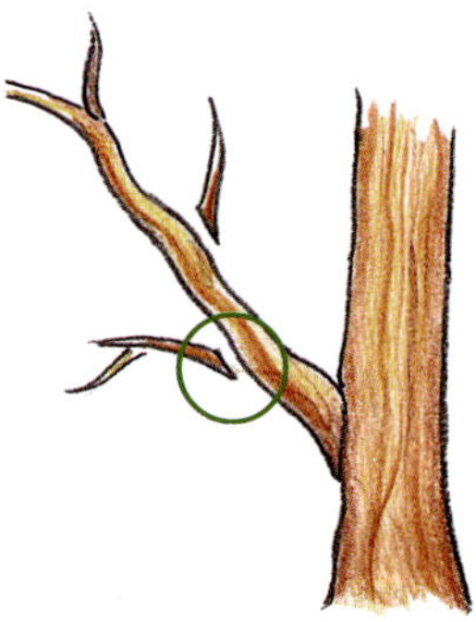

Paso a paso: cómo injertar una rama

1. Seleccionar la rama y cortar las hojas

Seleccionar una rama vigorosa de un año o dos. También se puede realizar el injerto utilizando una rama del mismo árbol o de otro de la misma especie del árbol receptor.

El injerto debe tener un largo total de 10 cm. Se sacan las hojas inferiores a lo largo de 4 o 5 cm.

2. Realizar el injerto

Se realiza en el extremo inferior un corte en bisel de 2 cm de un lado y de 1 cm del otro, para obtener la punta en forma de cuña de triángulo escaleno, como en los otros injertos.

Hacer un corte en bisel de 2 cm en ángulo de 30 o 40 grados hacia al centro del tronco o rama receptora del injerto, que debe tener más de 15 mm de diámetro.

Insertar inmediatamente, antes de que se sequen los cortes, la punta del injerto a un lado del corte de manera que el cambium de ambas partes quede unido. Enrollar con cinta de vinilo (sin apretar con demasiada fuerza) para que no se mueva la unión y no penetre agua al regar.

Después de unir, regar la maceta con bastante agua y continuar regando cada vez que se encuentre seca la superficie del sustrato. Colocar una pequeña cantidad de fertilizante.

Conservar la maceta donde no reciba sol directo ni viento frío. Cuando comiencen a crecer las yemas en el injerto, colocar la maceta donde le dé el sol suavemente.

Forma de injertar una rama

1. Realizar un corte en el tronco o la rama receptor de la ramita en el lado donde se desea que crezca la rama injertada.

2. Insertar inmediatamente el injerto para que el corte no se seque.

3. Sujetar el injerto con cinta vinílica sin apretar demasiado.

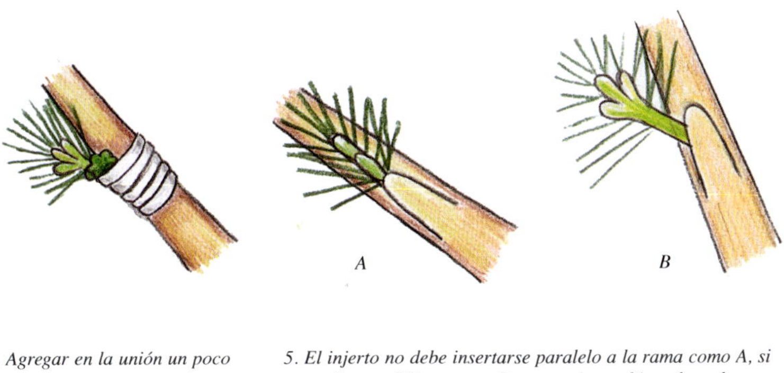

4. Agregar en la unión un poco de musgo para mantener la humedad.

5. El injerto no debe insertarse paralelo a la rama como A, si no en forma oblicua como B para unir combium de ambas partes.

3. Realizar cuidados posteriores

A principios de febrero (TJ a principio de agosto) quitar la cinta para que no deje marca y sacar la maceta donde le dé el sol. A partir de este momento ya no hace falta ningún cuidado especial sobre el injerto.

Injerto de aproximación (Yobitsugi)

Este método se utiliza especialmente cuando se desea tener una nueva rama en el tronco del árbol. En caso de latifolias este modo se usa con bastante frecuencia.

Este injerto se puede aplicar en cualquier lugar del tronco o rama cuando están en época de desarrollo.

Paso a paso: cómo injertar

1. Seleccionar la rama

La rama a injertar debe ser de la misma planta receptora o de otra planta de la misma especie y debe tener un diámetro mayor a 3 mm. Debe ser bastante vigorosa, de dos o tres años, y no debió haber sido podada durante la temporada anterior. La parte receptora debe tener más de 20 mm de diámetro.

También se puede usar el tronco de otro arbolito que esté en maceta independiente.

2. Cómo realizar el injerto

El injerto se hace tal como señala el dibujo, teniendo especial cuidado de que el cambium de ambas partes quede bien unido, de lo contrario no dará buen resultado. Para eso es necesario tener la corteza de la parte a injertar despejada, para poder acoplar en la ranura sin que haya corteza.

Una vez unidas las partes, atar la unión con cinta de plástico. Cuidar que no penetre agua cuando se riegue. Luego regar con bastante agua y exponer al sol. La cinta se debe retirar tres meses después.

Injerto de aproximación

Preparación para la junta

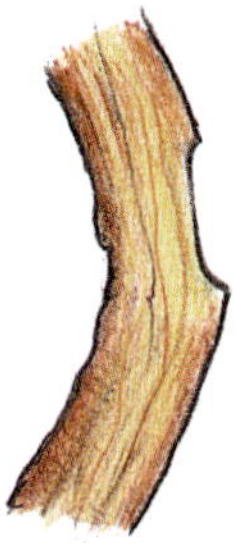

1. Realizar una ranura con un buril en el punto donde se desea tener una rama nueva.

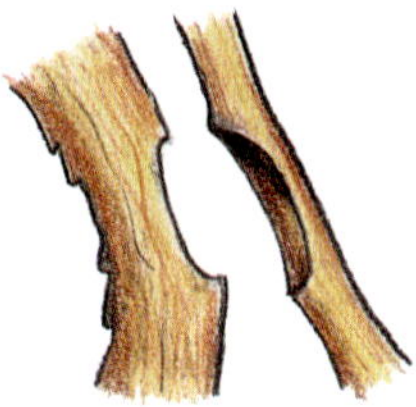

2. Realizar también una ranura en la rama a injertar.

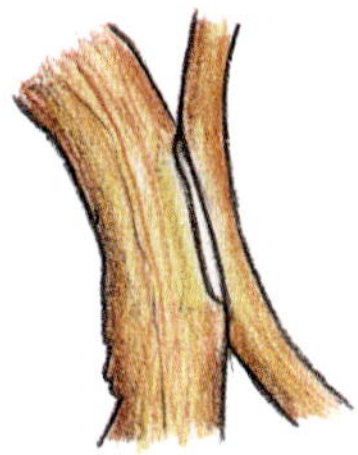

3. Acoplarlas ranuras de ambas partes y fijar bien con cinta de vinilo.

3. Segunda temporada. Dejar descansar

Durante esta temporada, es decir, durante un año, no se realiza ninguna operación.

4. Tercera temporada. Cortar la rama

A los veinticuatro meses del injerto, cortar la rama injertada desde la parte inferior a la unión y desde su origen si es del mismo árbol.

Después de la separación de la rama o tronco injertado no se requiere ningún cuidado más.

El momento oportuno

La época ideal para realizar un injerto de aproximación es en los meses de agosto y septiembre (TJ marzo y abril).

Poda

La poda es muy importante para la creación y cuidado del bonsai, ya que con ella se logra dar una forma ordenada al árbol manteniendo su tamaño reducido. Sin embargo se debe tratar de podar las ramas lo menos posible durante los dos primeros años de vida del árbol, para lograr que crezcan robustas.

El trabajo de la poda incluye: la poda del tronco, de las ramas, ramitas, yemas y hojas. Se aplica con dos objetivos:

• *Poda fundamental o poda para la formación estructural del árbol*

Es la poda de fondo del tronco y las ramas para crear la forma estructural del bonsai.

• *Poda de mantenimiento o poda para lograr una mejor formación estructural del árbol*

Es la poda para mantener y controlar la forma del arbolito y es posterior a la poda estructural. Esta poda se aplica a las ramas, ramitas, hojas y yemas para mantener la forma originalmente trazada a través de la poda estructural.

Poda fundamental

La poda del tronco y de las ramas principales afecta para siempre el esquema, la formación del árbol, por lo tanto hay que podar en base al boceto de la futura planta.

Es preferible hacer primero algunos bosquejos sobre la figura del árbol antes de podar a fondo.

Aplicación

En primer lugar se debe definir la «cara» del árbol. Recién después es posible imaginar su forma futura. Según esta figura se aplicará la poda fundamental.

Para aplicar la poda fundamental el árbol debe tener más de cinco años cumplidos. El momento oportuno es entre el invierno y hasta mediados de la primavera. No deben esperarse flores ni frutos en la misma temporada.

Si es necesario, podar el tronco y las ramas que no estén en orden de escalón —en el caso de los árboles de coníferas— y las ramas indeseadas, incluyendo las ramas muertas. Cuando se poden las ramas gruesas, no se deben cortar al ras de la corteza, sino un poco más allá del nivel de la corteza pero que el área sea lo más chica posible. Cubrir el corte con una pasta cicatrizante para evitar infección de cualquier enfermedad o plagas y para que se cure pronto la cicatriz del corte. Después de esto, podar aquellas ramas que disturben la formación de la figura del árbol. También tener cuidado de dejar algunas ramas, aun chicas, que podrían participar en el futuro de la formación y ser ramas importantes en la estructura general.

Ramas indeseadas

Llamamos ramas indeseadas a aquellas ramas que crecen en las siguientes formas:

Clasificación de las *ramas indeseadas*

Nombre	Descripción	Aplicación
GYAKU-EDA	Rama que sale contra la dirección de la rama de su base.	Podar desde su base.
HARA-EDA	Rama que sale en el lado interior de la curva del tronco.	Podar desde su base.
KAERU-MATA	Rama que sale con una curva redonda hacia arriba.	Podar desde su base.
KANNUNKI-EDA	Dos ramas que forman una cruz sobre el tronco.	Podar una de las dos ramas desde su base.
KARAMI-EDA	Rama que da vuelta al tronco.	Podar desde su base.
KASANARI-EDA	Ramas que salen juntas hacia una misma dirección.	Podar desde la base una de las dos ramas.
KURUMA-EDA	Ramas que salen en forma de rayo alrededor del tronco.	Podar todas las ramas desde su base excepto una.
MANOBI-EDA	Rama que tiene los nudos muy separados sin ramales.	Podar desde su base dejando 5 mm.
SHITAMUKI-EDA	Rama que sale hacia abajo.	Podar desde su base.
TACHI-EDA	Rama que sale verticalmente hacia arriba.	Podar desde su base dejando 5 mm.
TOCHOU-EDA	Rama crecida en exceso.	Podar en el otoño sólo la parte que sobresale del perfil del árbol. Podar desde su base a fines del invierno.
TSUKI-EDA	Rama larga que sale hacia el frente.	Podar dejando un largo mínimo dando un pequeño ángulo hacia un costado o se podrá convertir en JIN
WAKI-EDA	Rama que sale entre el tronco o rama y otra rama.	Podar desde su base.

Principales ramas indeseadas

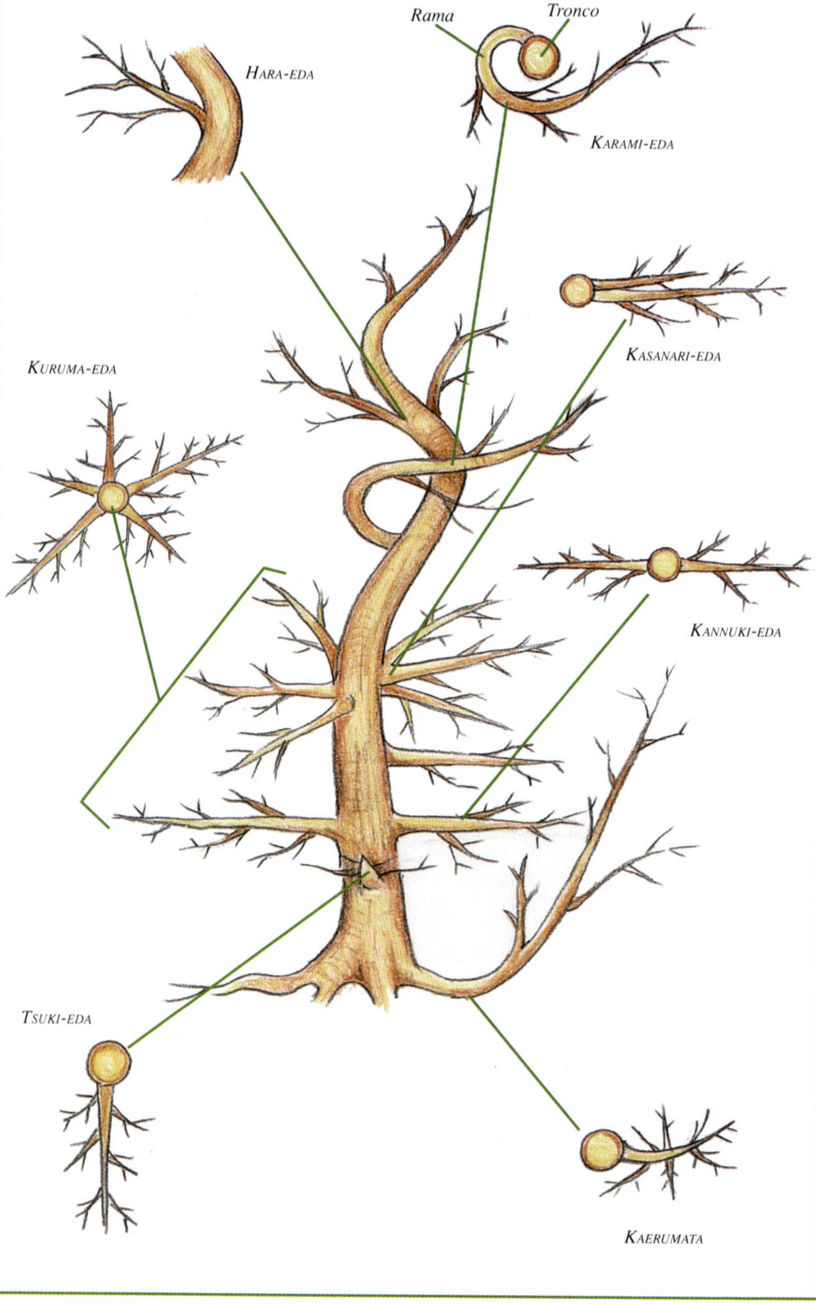

Uso de ramas indeseadas como ramas principales

Como señalan los dibujos, las ramas curvas son en principio ramas indeseadas. Sin embargo, si no hay cerca otra rama más adecuada, se pueden utilizar sacándoles la curva con ayuda de un alambre.

También hay que tener en cuenta la forma que se desea dar al árbol. Las ramas indeseadas pueden ser usadas como rama principal en otro estilo de bonsai, por ejemplo, para el estilo CHOKKAN (tronco recto).

Por eso, cuando se comienza a cuidar un árbol es mejor no eliminar todas las ramas indeseadas a primera vista, sino estudiar bien el árbol durante una temporada y definir el papel que tendrán algunas ramas, aparentemente indeseadas.

El momento oportuno

Entre mediados de otoño y principios de la primavera es la época indicada para eliminar ramas indeseadas.

Ahora bien, las ramas superiores (en las especies de coníferas y de latifolias) y las ramas inferiores (en los florales y frutales) tienen un ritmo más acelerado de crecimiento. Por eso se recomienda eliminar en otoño sólo las ramas indeseadas de la zona de crecimiento rápido y durante el invierno, cortar las ramas indeseadas de la zona en que se desarrollan más lentamente. De esta manera se logrará un equilibrio entre las ramas y no se debilitará la resistencia del árbol contra el frío.

Poda de mantenimiento

Con la poda de mantenimiento se controlan las ramas y hojas de acuerdo con el grosor del tronco y la altura del árbol.

Uno de los objetivos más importantes de esta poda consiste en frenar el crecimiento de determinadas ramas, ramitas, hojas y yemas para acelerar el crecimiento de otras. Esto es posible porque se traslada la energía de unas a otras. Lo que se logra es igualar el ritmo de crecimiento, el tamaño y la longitud tanto de las ramas y ramitas como de hojas, para lograr el delicado desarrollo de las ramas y hojas chicas acorde con el tamaño del árbol.

Hay cierta diferencia en el modo y momento para podar, entre las coníferas y otras especies. Se explicará cada caso.

Poda de yemas y ramas en las coníferas

Yemas

Las yemas que aparecen en las puntas de las ramas (CHOUGA) influyen mucho en la formación del bonsai. Podar (METSUMI) estas yemas es igual que controlar el largo y la cantidad de ramas y es muy importante tanto para darle forma como para mantenerla.

Las yemas que salen en las puntas de las ramas superiores (Chouga) de las coníferas son más vigorosas y fuertes (crecen rápidamente) que las yemas que salen en las puntas de las ramas inferiores.

Las yemas en la punta de las ramas (Chouga) crecen muy fuertes robando energía y dejando "dormidas" a las yemas de la parte inferior de la misma rama (Sokuga), sin permitirles crecer.

Por eso, además de controlar el largo de las ramas, se deben podar las yemas al inicio de la primavera. Así se repartirá la energía o la nutrición hacia las otras yemas. El objetivo es que empiecen a crecer y lograr así tener hojas o ramitas en la parte inferior de la misma rama.

Es conveniente aprovechar los comportamientos naturales del árbol para igualar el ritmo de su crecimiento: la altura general, el largo de las ramas, ramitas y hojas y la frondosidad de todo el árbol.

Cabe destacar que este tipo de poda se aplica en la época de pleno desarrollo entre la primavera y el verano, especialmente en primavera.

El momento más oportuno para podar cada árbol sigue siendo un tema de estudio, inclusive para los especialistas en Japón.

La poda de las yemas (Metsumi) y hojas (Hagari) tiene además otro objetivo, el de crear hojas y ramas en forma diminuta.

Si se podan las primeras yemas en plena época de desarrollo saldrán otras yemas al costado del corte. Entonces las hojas y ramas de estas nuevas yemas llamadas *segundas yemas*, crecerán en forma diminuta y delicada.

Esta característica del árbol se aprovechará para el crecimiento del bonsai en forma compacta.

- **Poda temprana de yemas (Metsumi)**

Se podan las yemas de las coníferas a comienzos del verano. Pero entre mediados de octubre y principios de noviembre (TJ entre mediados de abril y principios de mayo) se podan con los dedos (Metsumi) dos tercios del tamaño de las yemas que son más fuertes (cuando alcancen más de 10 mm).

De esta manera se limitará su crecimiento y se distribuirá la fuerza al resto de las yemas demoradas en crecer.

Poda temprana de yemas de conífera

1. Primero se poda la yema más vigorosa cuando crece un 10 mm.

2. A los 10 días se poda la segunda yema más vigorosa.

3. Otra vez a los 10 días se poda la que queda.

• Poda de yemas en época normal (Mekiri)

Entre fines de noviembre y mediados de diciembre (TJ mediados de junio y principios de julio) se podará primero con tijeras (Mekiri) y sin tocar las hojas que las rodean, las yemas débiles o demoradas (o sea las más chicas y de menor cantidad que se encuentran generalmente en la punta de las ramas inferiores), a excepción de las yemas débiles que se hayan elegido para que sigan creciendo.

Pasados diez días se podarán las yemas normales. Una semana más tarde habrá que podar las yemas muy fuertes que se encuentren en las ramas superiores.

Después de esta última poda quedaría el árbol sólo con las hojas antiguas y casi sin yemas.

Una semana o diez días después de cada poda comenzarán a brotar las segundas yemas.

Poda de yemas

- **Poda de segundas yemas**

Podar (MEKIRI) nuevamente entre mediados de enero y mediados de febrero (TJ mediados de septiembre y principios de octubre) algunas de estas segundas yemas, dejando sólo tres o cuatro yemas en cada punto.

En esta oportunidad no se deben sacar las yemas débiles para que crezcan más yemas. Según la fuerza de la planta seguirán brotando más yemas en diferentes lugares (FUTEIME) hasta fines del otoño.

Eliminar constantemente las yemas indeseadas, así se canaliza la energía del crecimiento hacia las yemas o ramas que se hayan elegido para que crezcan.

Poda de segundas yemas

Después de la primera poda quedan sólo las hojas viejas.

Brotes de segundas yemas.

Se podan todas las yemas que comiencen a crecer, salvo aquellas que se desee que se conviertan en ramas.

Se recomienda que se eliminen aquellas yemas que sobrepasen el perfil considerado. La poda se repite todos los meses de la temporada.

Hojas viejas y nuevas de coníferas

En la poda de yemas (que se convierten en hojas y posteriormente en ramas) entre mediados de abril y mediados de agosto (TJ entre fines de octubre y los de febrero) deben eliminar con una pinza todas las hojas de la temporada anterior (KOBANUKI) y bastantes hojas nuevas, dejando sólo siete u ocho hojas de yemas débiles y tres o cuatro hojas de yemas fuertes (HASUKASHI). De este modo las hojas nuevas pueden gozar de mejor luz solar y ventilación durante el invierno. Además en la primavera siguiente se convertirán en nuevas ramas de forma "ordenada".

Podar las yemas que crecieron al costado de las ramas viejas (DOUBUKIME) excepto aquellas que se elige dejar intencionalmente.

Recortar el largo de estas hojas nuevas que crecieron con mayor tamaño al costado de las ramas, así se logrará que tengan el mismo largo que las otras hojas nuevas.

Poda de yemas y hojas viejas

Forma de ordenar las yemas

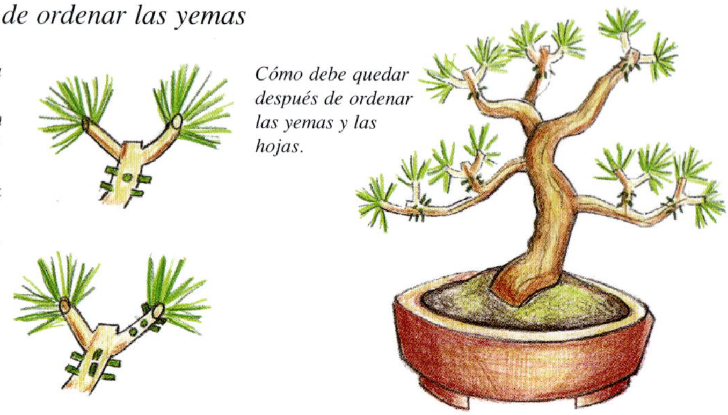

Cuando la segundas yemas tien hojas muy tupidas, eliminar lc hojas inferiores.

Cómo debe quedar después de ordenar las yemas y las hojas.

• **Poda para crear las hojas largas**

Éste es un modo de poda tradicional para controlar el crecimiento del bonsai. Hoy en día es poco usado. Sólo lo emplean algunos especialistas cuando tienen necesidad de hacer crecer hojas largas en alguna parte específica de la planta o cuando hacen un OHMONO BONSAI (bonsai grande).

Según este método se podan todas las yemas de una sola vez durante la temporada, en los primeros días de marzo (TJ septiembre). En consecuencia crecerán más largas las hojas. Se aprovecharán las segundas yemas para hacer nuevas ramas cuando el árbol esté vigoroso.

Las hojas de estas segundas yemas crecerán más largas que las hojas de las segundas yemas de la poda realizada a mediados de diciembre y principio de enero (TJ entre mediados de junio y principio de julio).

Diferencia de tamaño de las hojas según cómo las trate

Largo de hojas crecidas desde la primera yema.

Largo de hojas desde la segunda yema. Crecidas después de aplicar poda temprana.

Largo de las hojas de segunda yema en momento normal. Así se puede aplicar la manera que más convenga.

Ramas indeseadas y nuevas

Podar en principio todas las ramas indeseadas (IMI-EDA). Si son ramas que han crecido hacia abajo se podarán desde su base; si son ramas crecidas hacia arriba en forma vertical, se podarán dejando un nudo.

• Control del largo y creación de una nueva rama

Si se poda a principios de agosto (TJ a mediados de febrero) la yema en la punta de una rama y se recorta el largo de las hojas de alrededor, brotarán yemas al costado del corte de la rama.

Dejar crecer estas nuevas yemas hasta que tengan el largo que debe tener la rama y hasta que sus hojas se endurezcan un poco.

Si se podan algunas de estas yemas nuevas (CHOUGA), crecerán otras yemas en la parte inferior de la misma rama (DOUBUKIME). Si se poda la parte superior de la rama de estas nuevas yemas (DOUBUKIME), se logra acortar el largo total de la rama.

Esta técnica es aplicable para todas las especies de árboles.

Cómo obtener ramas en menor distancia

Podar las ramas superiores si hay mucha distancia entre ellas.

Si es una planta de hasta 5 años, brotarán yemas más abajo que se convertirán en ramas.

Cuando se deja de podar una rama en el momento oportuno, crecerá larga y sin ramas en el medio.

Si la poda es oportuna, la rama tendrá bifurcaciones delicadas y atractivas.

Defoliación, otra forma de poda de las hojas

Como se explica por sí solo, se aplica la quita parcial o total de las hojas durante la plena época de actividad vegetal, con el fin de formar las hojas más chicas de las plantas que señalamos a continuación: GAJUMARU (*Ficus retusa*), ICHOU (*Ginkgo biloba*), KAEDE (*Acer buergerianum*)*, MOMIJI (*Acer palmatum*)*, ombú (*Phytolacca dioica*) y palo borracho (*Chorisia insignis*).

La siguiente figura señala la forma de aplicación de la defoliación total en ICHOU (*Ginkgo biloba*).

* *Se aplica parcialmente sólo en sus hojas grandes.*

Defoliacion de Icho *(*Ginkgo biloba*)*

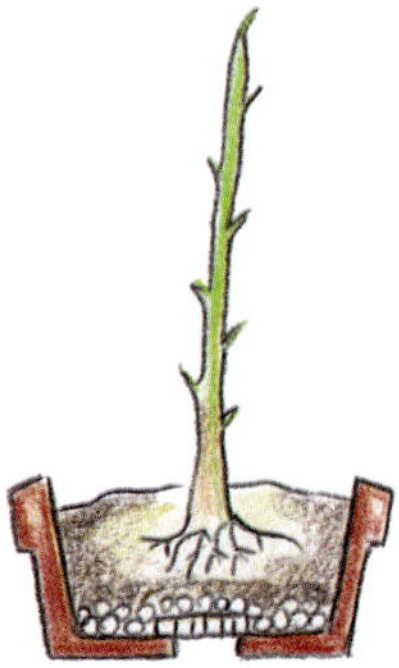

En la primera temporada de su traspalnte a la maceta de cultivo (a unos 12 meses posterior a la siembra), se aplica la defoliación total a la planta a los 3 meses, a principios de verano.

Pronto saldrán las hojas y seguirá creciendo. Durante la segunda temporada ir aplicando la poda a las ramas crecidas en exceso y a las hojas en el ápice de las otras ramas para controlar el tamaño de la planta.

A mediados de primavera de la siguiente temporada, aplicar poda a las ramas superiores y la defoliación parcial, sólo a las ramas superiores podadas.

Poda de árboles de latifolias

No se deben podar las ramas de un árbol muy joven. Hay que esperar a que cumpla ocho años, para dar oportunidad a que las ramas crezcan largas y gruesas y podarlas posteriormente a la medida que uno desea.

Yemas

Las yemas de latifolias que salen en las puntas de las ramas superiores son más vigorosas y fuertes (además crecen rápidamente) que las yemas que salen en las puntas de las ramas inferiores, igual que en los árboles de coníferas.

Las yemas que más influyen en la formación del bonsai son las yemas de las hojas, ya que luego se convertirán en ramas.

Poda de las ramas crecidas

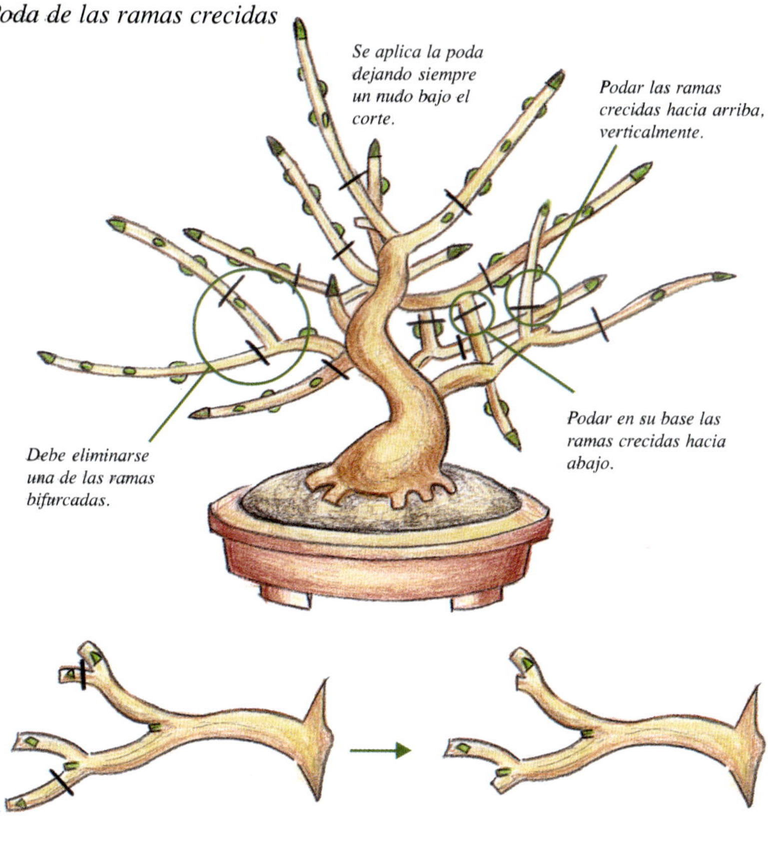

No debe haber dos bifurcaciones seguidas; tratar de eliminarlas.

Poda del tronco

La poda de ramas o troncos crecidos en exceso se aplica en la parte superior, donde salen hojas, de lo contrario podrán morir la rama o el tronco.

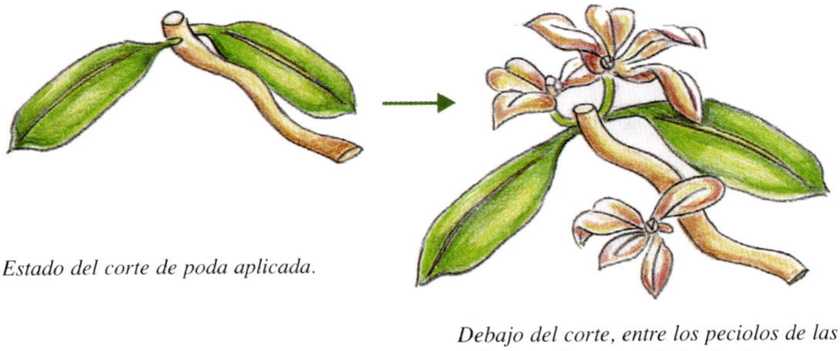

Estado del corte de poda aplicada.

Debajo del corte, entre los peciolos de las hojas y en la parte inferior, brotarán nuevas yemas.

En el caso de KAEDE (*Acer buergerianum*) y MOMIJI (*Acer palmatum*) se podan las yemas que salen en medio de las tres que salen juntas, así se distribuirá la energía entre otras hojas chicas en la misma rama. Se deben exceptuar aquellas yemas que se desee transformar en ramas. Para lograr el mismo efecto se deben seguir podando constantemente las yemas no deseadas, las que nacen en la base del tallo de las hojas (SOKUGA) cuando éstas son podadas.

*Poda de las yemas de KAEDE (*Acer buergerianum*) y MOMIJ (*Acer palmatum*) con dedos, pinzas o tijeras.*

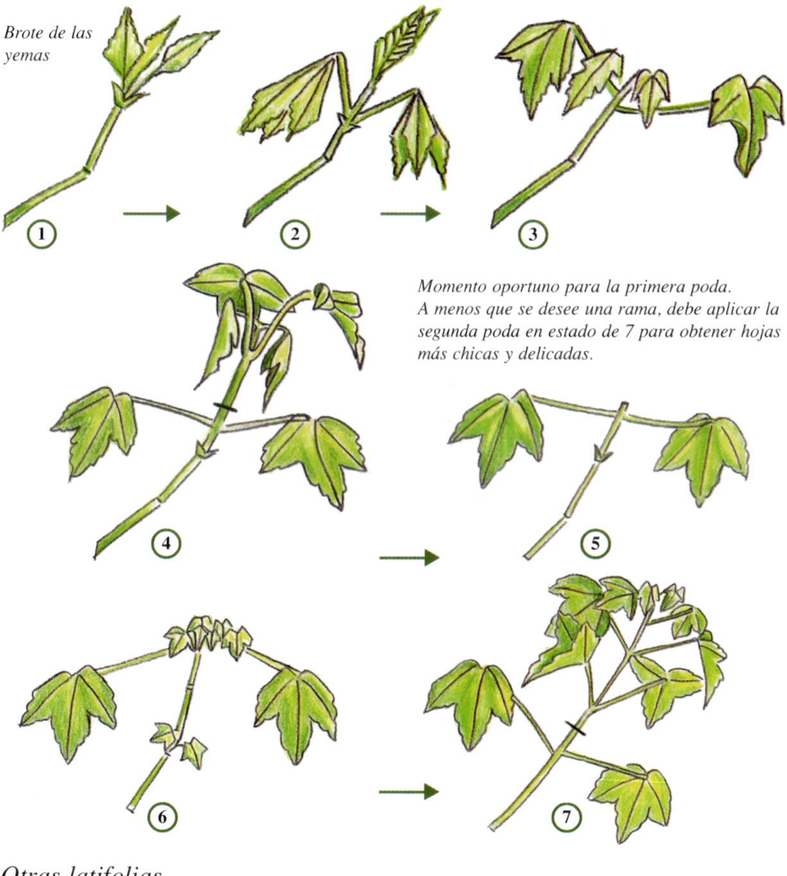

Otras latifolias

Siempre se debe podar las dos hojas en la parte inferior del corte.

Si al árbol le salen las ramas en forma de "Y", como es el caso de Momiji (*Acer palmatum*), no hay que dejar que crezcan de esta forma. Se podará una de las dos ramas, teniendo en cuenta la dirección del crecimiento. De esta manera no crecerán ramas muy largas ni muy gruesas, y se formarán ramas delicadas y con la dirección deseada.

A fines de septiembre (TJ en la primera quincena de abril) es preferible ir podando las yemas y dejar solamente una o dos hojas nuevas en la rama. Si no se hace en esta época se van a formar nuevas ramas muy fuertes, con nudos demasiado separados y sin ninguna nueva rama en medio.

Época de poda de yemas

Podar las yemas entre fines de septiembre y mediados de octubre (TJ entre mediados de marzo y mediados de abril). Para obtener hojas chicas y ramas más delicadas hay que podarlas con los dedos desde los pecíolos (excepto las yemas y las hojas débiles).

Poda del tallo y las hojas inferiores

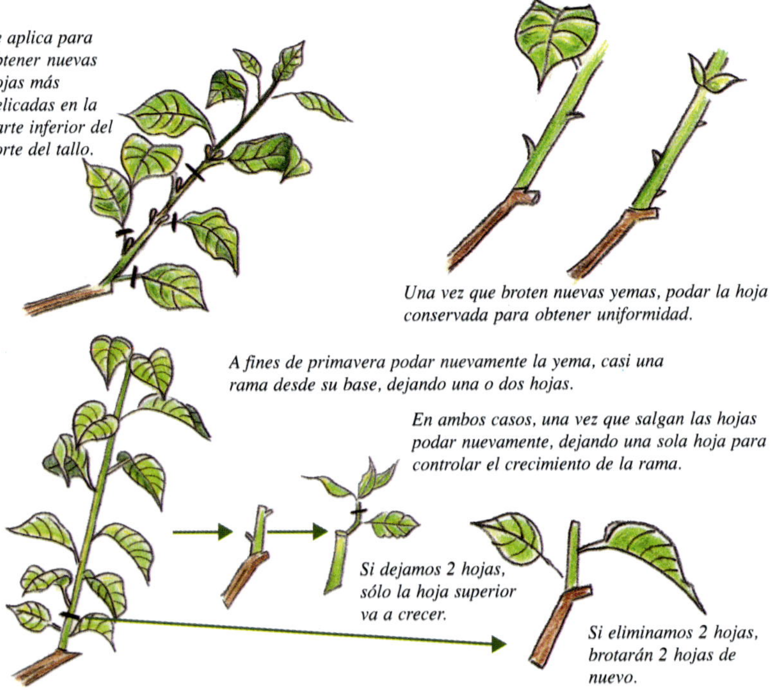

Poda en otoño para dar mejor forma estética

Poda general de las ramas

Ramas

En otoño, cuando las hojas pierden ese color verde vivo y comienzan a caer de a poco, es el momento para iniciar la poda de todas las hojas, excepto las chicas.

También se debe podar la parte de las ramas crecidas con mucha distancia entre un nudo y otro (TOCHOU-EDA) y las ramas que hayan crecido hacia abajo (SHITAMUKI-EDA) desde su base y verticalmente hacia arriba (TACHI-EDA) dejando un nudo.

Habrá que cortar también, desde su base, las ramas que crecieron hacia el lado contrario de la línea de la rama de origen (GYAKU-EDA).

Poda de ramas 1

Cuando la planta crece muy vigorosa, cortar el tronco y remplazarlo con una rama cercana.

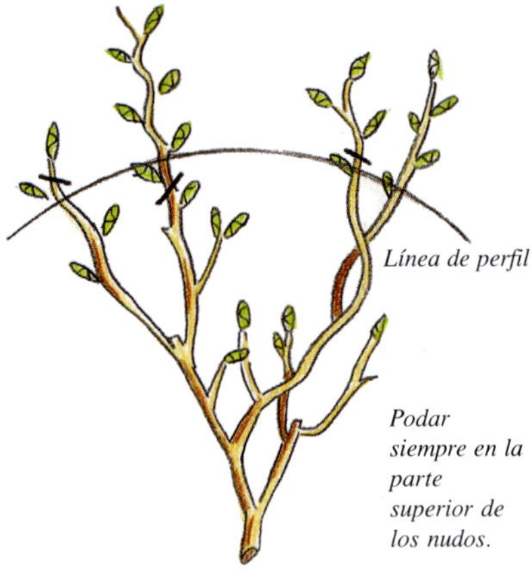

Podar más abajo cuando se trata de ramas muy vigorosas.

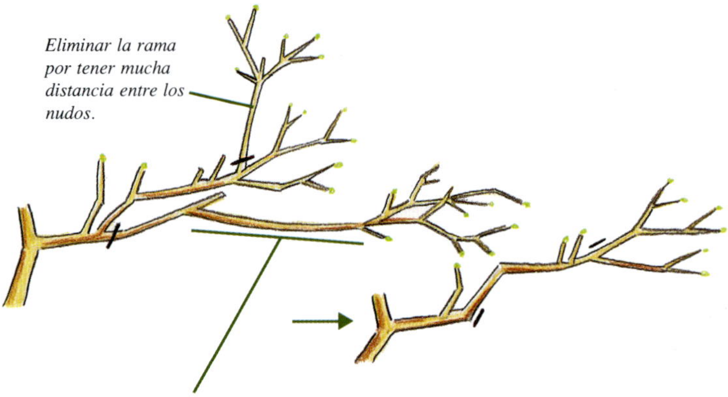

Es preferible cortar desde la base una rama con distancia excesiva sin nudo en el medio

Poda de ramas 2

En plantas como Kaede *(*Acer buergianum*) y* Momji *(*Acer palmatum*), que pierden mucha savia, se recomienda la poda inmediatamente después de la caída de las hojas.*

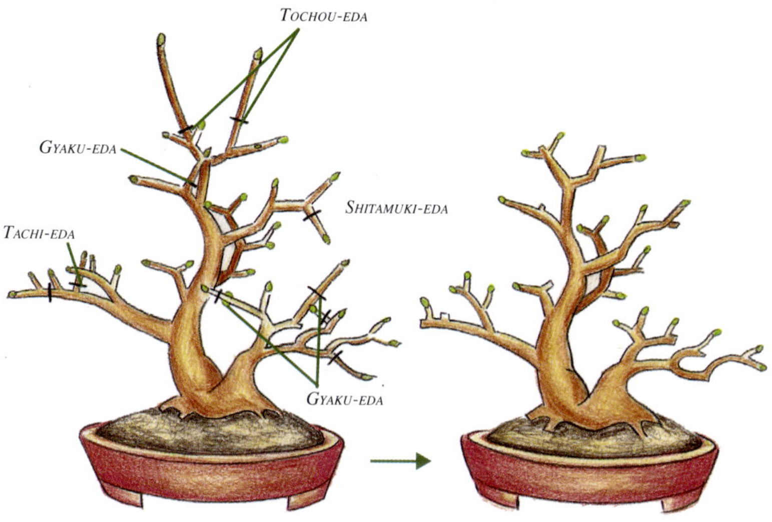

Efecto de la poda de una rama según el punto de su aplicación

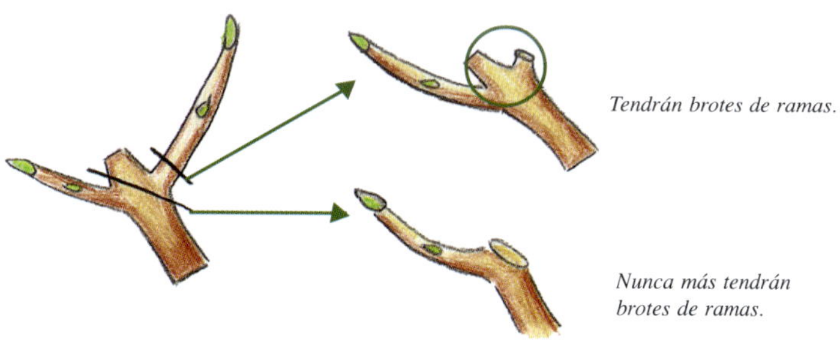

También entre fines de octubre y mediados de diciembre (TJ principios de mayo y fines de junio) se podarán las nuevas ramas, dejando una o dos hojas, pero sin tocar las hojas chicas, para permitir que crezcan más.

Además, hay que podar la parte que sobresale de las ramas crecidas en exceso (Tochou-Eda) durante el verano.

Ramas

Entre fines de junio y principios de agosto (TJ entre mediados de enero y mediados de febrero), podar por completo las ramas de KAEDE (*Acer buergerianum*) y MOMIJI (*Acer palmatum*) para evitar el derrame de savia (problema propio de estos árboles).

En cuanto al resto de las latifolias, podar a fines de julio (TJ a fines de febrero) las ramas de la última temporada dejando sólo una o dos yemas.

Poda de los árboles florales y frutales

Tampoco en este caso, como en las latifolias, se deben podar las ramas de un árbol muy joven. Hay que esperar a que cumpla dos años, para dar oportunidad a que las ramas crezcan largas y gruesas y podarlas posteriormente a la medida que uno desea.

Yemas

Hay dos tipos de yemas. Unas son las de las flores, algunas de las cuales luego forman frutos. Las otras son las de las hojas, que luego se convertirán en hojas con pecíolo y formarán las ramas.

Las yemas de los árboles florales y frutales que salen de las ramas inferiores, al contrario de las latifolias, son más fuertes que las que nacen en las ramas superiores del árbol.

Habrá que podar las yemas y ramas de acuerdo con las características y tipo de cada árbol.

Época de poda de hojas y ramas

En el caso de latifolias podar las hojas (HAGARI) y ramas nuevas entre mediados de diciembre y fines de marzo (TJ entre fines de abril y principios de septiembre), para crear ramas más finas y hojas más chicas que dan mayor belleza al árbol.

En este caso no hay que dejar crecer las hojas hasta el punto en que se endurecen. De este modo la distancia entre las hojas (nudos) en una rama no es muy grande.

Las yemas que más influyen en la formación del bonsai son las yemas de las hojas, ya que luego se convertirán en ramas.

Hojas y ramas. Poda al fondo

En caso de los florales y frutales hay que tener en cuenta en primer lugar que tengan flores y/o frutos. Para ello habrá que sacrificar, hasta cierto punto, la forma del árbol. Sólo se podarán, entre noviembre y mediados de febrero (TJ entre mediados de abril y mediados de agosto), las hojas y las ramas crecidas en exceso, con el fin de mantener el árbol más o menos en buen estado.

Para lograr una mejor forma del árbol se podará por completo cada dos o tres años, sin esperar flores ni frutos durante esa temporada. Cuando se poden las ramas superiores hay que recordar que son más lentas en crecer y que demorarán en recuperar cierto largo.

Poda de las flores

Podar su tallo dejando una o dos hojas.

Para podar una rama tratar de podar arriba de una yema.

En ramitas trifurcadas hay que eliminar la del centro.

La parte superior de una rama cortada puede usarse como esqueje.

Poda de mantenimiento en los florales

Para la poda de mantenimiento de los florales, se cortarán, antes del verano, sólo las nuevas ramas crecidas excesivamente, ya que éstas no van a tener yemas de flores.

Se pueden podar las ramas hasta pasados mediados de febrero (TJ fines de agosto), cuando comiencen a marchitarse las flores.

Cuando las flores se marchitan, se saca cada una con la mano dejando el pecíolo. Cuando termina la temporada de las flores se podan las ramas que crecieron en la temporada y sólo se dejan una o dos hojas o yemas de hojas sobre cada rama.

Poda de mantenimiento en los frutales

Cuando comienzan a marchitarse las flores se sacará la mayoría, dejando el pecíolo. De esta manera se evitará que den demasiados frutos (el árbol se debilitaría demasiado) y se logra que el frutal soporte mejor el frío del invierno.

Cuando caen las hojas, se podan las ramas crecidas en exceso, dejando los frutos para apreciar su belleza.

Pasado un tiempo, eliminar también los frutos, a principios de junio (TJ durante diciembre). Dejar el pecíolo e inmediatamente después podar las ramas a unos 5 mm arriba de una o dos yemas. Es mejor dejar un poco más largas las ramas inferiores por una cuestión estética.

A mediados de junio (TJ principios de diciembre) podar entonces sólo las ramas crecidas hacia abajo (SHITAMUKI-EDA) desde su base y las crecidas hacia arriba verticalmente (TACHI-EDA) dejando un nudo. También podar (bien cortas) las ramas que estén demasiado largas (TOCHOU-EDA).

El resto de las ramas serán podadas con mayor atención a fines del invierno.

Espera de poda hasta el momento oportuno

En todas las especies, cuando las ramas no se podan crecen largas y robustas. Se debe aprovechar este comportamiento cuando se quiera tener una rama de cierto grosor.

Se debe dejar crecer la rama sin podar hasta que llegue a tener el volumen ideal. Una vez que la rama llegó a tener el grosor adecuado, se corta del largo que conviene a la forma del árbol elegida.

Defoliación, otra forma de poda de las hojas

Como se explicó para las latifolias, la defoliación se realiza con el fin de formar las hojas más chicas de las plantas de árboles florales y frutales.

Poda de ramas largas con frutos para exhibición

Podar las ramas dejando la mayor cantidad de frutos (A). Después de la exhibición cortar las ramas como (B).

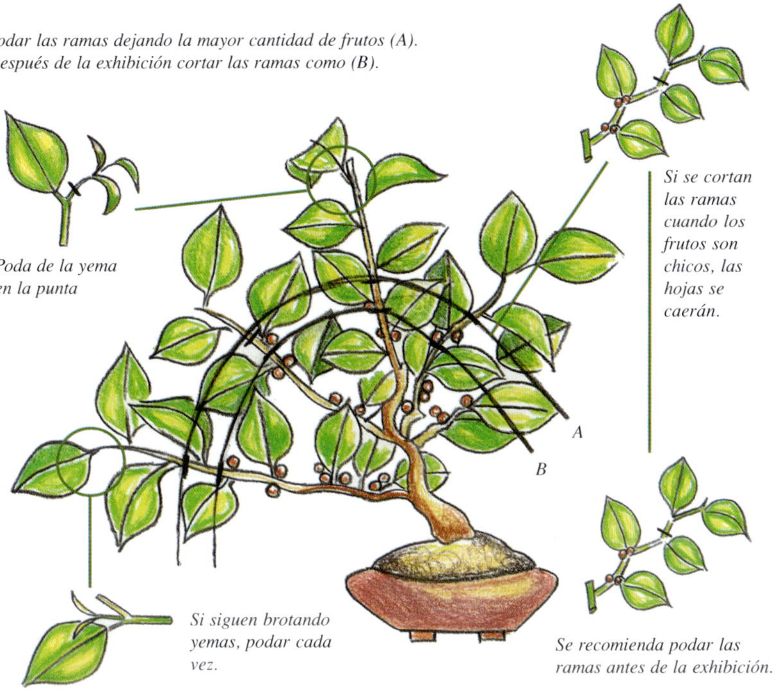

Después los frutos, podar la rama. Se debe seleccionar el punto de poda considerando la dirección hacia dónde desea que crezcan los brotes en la temporada siguiente.

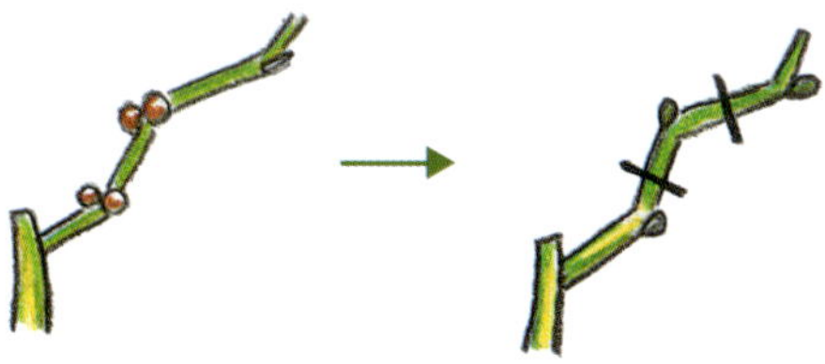

Poda de plantas frutales

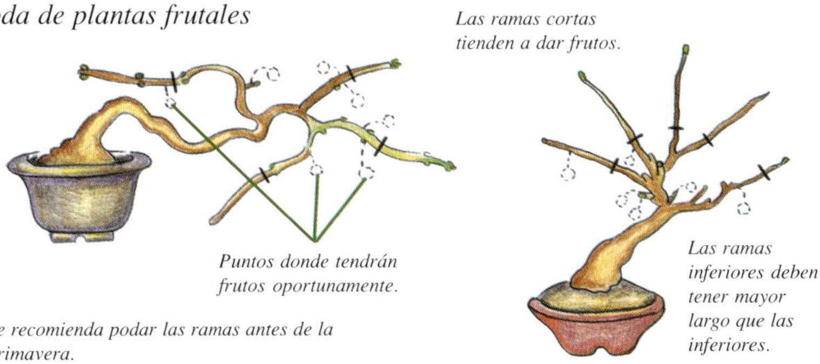

Se recomienda podar las ramas antes de la primavera.

Alambrado

Es una técnica única del bonsai para cuidar a los árboles, dándoles al tronco, ramas y ramitas la forma deseada.

El alambrado también contribuye a dar mayor luz solar a las ramas inferiores. Es aplicable a todos los árboles de todas las especies. Es preferible que la superficie del árbol esté seca, ya que es más dócil para cualquier movimiento que se realice sobre él.

Tipos de alambres

Los alambres pueden ser de aluminio o cobre. No es conveniente usar los de hierro ya que se oxidan.

Preparar alambres que tengan entre 1 y 5 mm de diámetro; el diámetro del alambre debe ser entre la quinta parte o la mitad (como mucho) del diámetro del tronco, ramas y ramitas a los cuales se aplicará.

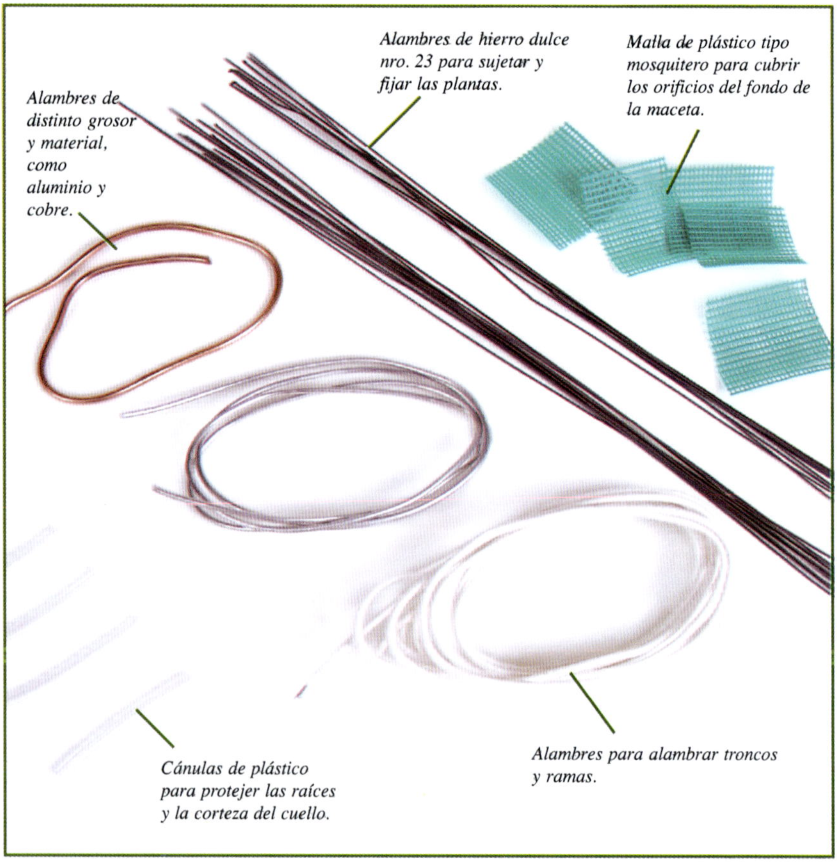

Época de aplicación

Este tema está en discusión, sobre todo en los lugares donde no hace tanto frío en invierno. En Japón hay quienes sugieren colocar los alambres en la época de menor desarrollo vegetativo, mientras otros sugieren todo lo contrario. En zonas templadas, como la ciudad de Buenos Aires, se puede utilizar el alambre —sin mayor inconveniente— durante todo el año, excepto en la época en que brotan las yemas (esto es simplemente para no lastimarlas).

Indicaremos a continuación la época teóricamente más apropiada para algunos árboles, según sus características. En principio, es preferible evitar la época de pleno frío en la que los árboles dejan de desarrollarse y las ramas tienden a quebrarse si son forzadas a cambiar su forma.

Épocas más apropiadas para ciertas especies

Época	**Especies**
Entre mediados de septiembre y mediados de abril (TJ entre mediados de marzo hasta mediados de octubre)	SHINPAKU (*Juniperus chinensis sabina*) SUGI (*Cryptomeria*)
Entre principios de octubre hasta mediados de mayo (TJ entre mediados de abril y mediados de diciembre)	CHABOHIBA (*Chamaecyparis obtusa nana*) KUROMATSU (*Pinus thunbergii*) MYUGOMATSU (*Pinus mugo mughus*)
A mediados de diciembre (TJ a mediados de junio)	KAEDE (*Acer buergerianum*) MOMIJI (*Acer palmatum*) TSUBAKI (Camelia).

Paso a paso: cómo enrollar el alambre

Es necesario premeditar bien la forma que le daremos a la rama, ya que un cambio de dirección una vez que ya se ha dado una determinada curva con el alambre, tiende a dañar y debilitar mucho al árbol.

1. Alambrar

Se debe comenzar a alambrar siguiendo estos pasos, siempre comenzando a enrollar desde la parte inferior del árbol.

Primero: el tronco.

Segundo: las ramas inferiores y luego las superiores.

Tercero: las ramitas.

No es recomendable enrollar las ramitas el mismo día, sino un tiempo después, para no debilitar demasiado al árbol.

Alambrado del tronco

Según la planta se aplicarán uno o dos alambres en la parte inferior para tener mayor efecto. Cuando se aplican dos alambres, se aplican juntos, en forma pegada, para obtener mayor rigidez.

El diámetro del alambre de cobre debe tener un tercio del diámetro del tronco. El alambre de aluminio es más blando y fácil de manejar, pero si se utiliza, debe tener un diámetro mayor.

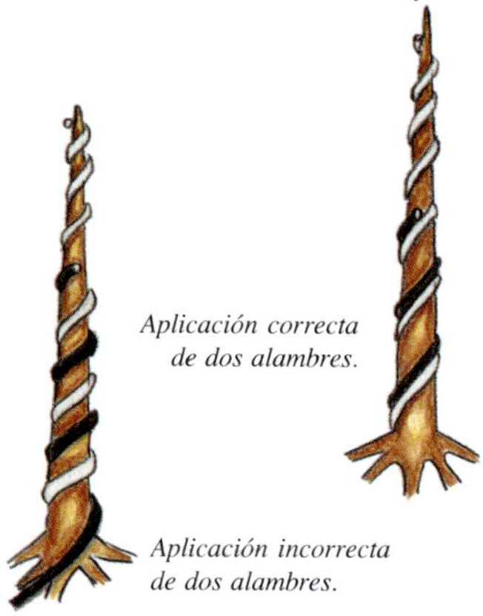

Aplicación correcta de dos alambres.

Aplicación incorrecta de dos alambres.

Alambrado de la parte superior

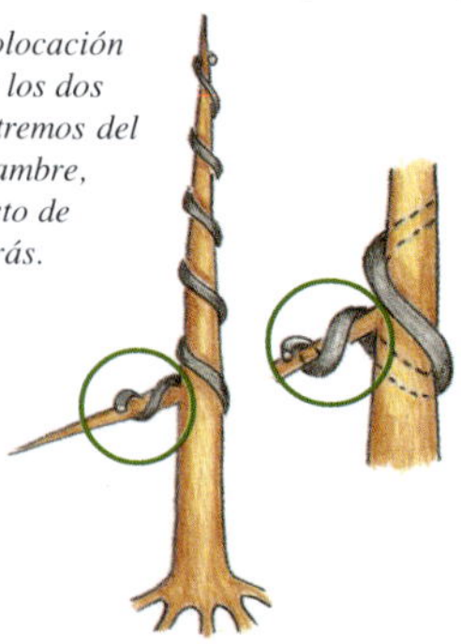

Colocación de los dos extremos del alambre, visto de atrás.

Tratar de esconder los extremos hacia atrás.

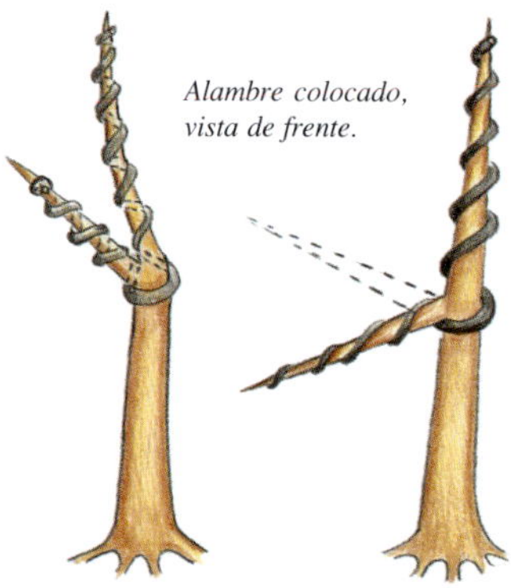

Alambre colocado, vista de frente.

Tratar de cambiar la dirección de las ramas inferiores (cuando es de conífera) hacia abajo.

Alambrado de las ramas

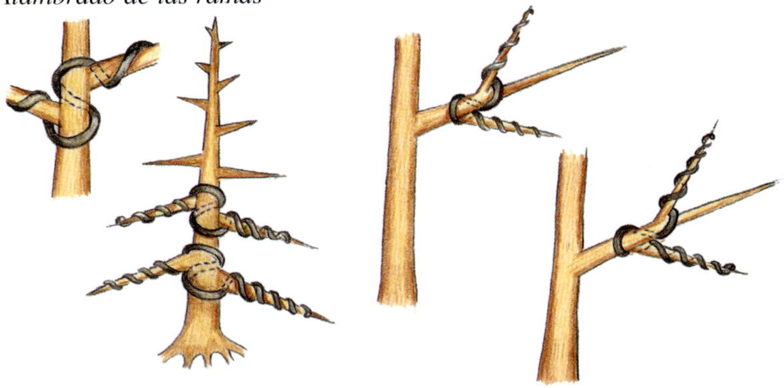

Alambrado de ramas y ramillas en la tercera temporada

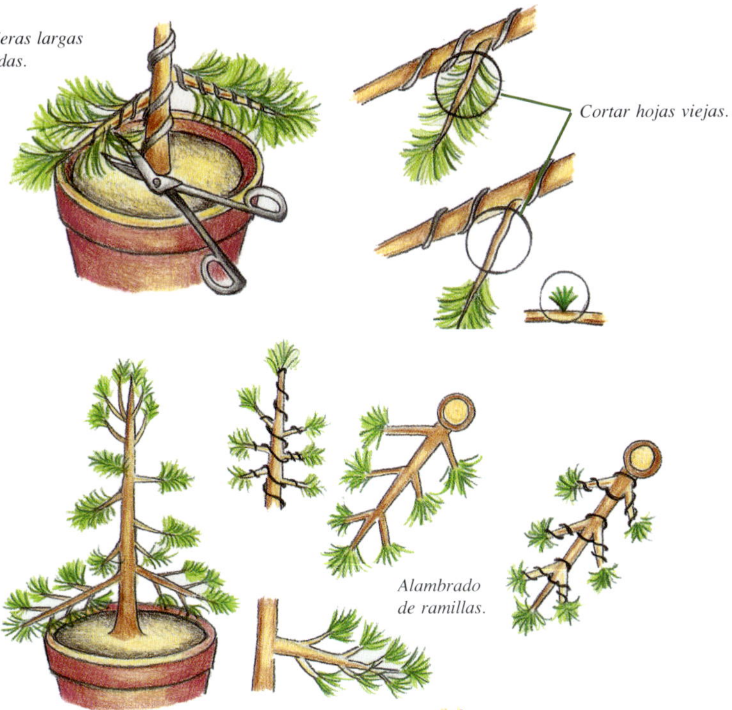

En las ramillas que salen hacia abajo, colocar el alambre y cambiar su dirección hacia arriba para formar un triángulo escaleno visto horizontalmente.

Forma de alambrar una planta para darle mejor forma, ventilación y mayor luz solar.

El alambrado se realiza, en general, después de la poda.

1. Esta rama conforma un conjunto de ramas menores y hojas. Debe ser ordenada para dar un mejor aspecto estético.

2. Aspecto posterior a la poda.

3. Aplicación de alambres para dar mejor aspecto al conjunto.

Secretos para enrollar

- Cortar el alambre un 50 % más largo que el lugar donde se aplicará.
- Enrollarlo de manera de colocar una porción de alambre en el costado exterior de la curva que se desee dar al tronco o rama; de lo contrario, tenderá a quebrarse.
- El enrollado debe ser más estrecho al principio y debe ir haciéndose cada vez más ancho hacia la punta.
- Cuando se enrolle el alambre en la parte inferior del tronco se pueden usar dos alambres juntos para sujetar con firmeza, y en todo caso, si hace falta, seguir aplicando sólo uno de ellos en la parte superior.
- Siempre hay que enrollar los dos alambres juntos y pegados, en forma paralela, para que dé más fuerza y mejor impresión.

- Cuando se enrolle la parte inferior del tronco hay que colocar la punta inicial del alambre en tierra.
- Las puntas del comienzo y final del alambre deben estar siempre para el lado de atrás (para una mejor terminación).
- En el caso de dar la curva al tronco —en la parte superior— colocar la punta inicial del alambre en el lado trasero de la bifurcación de una rama apretando bien.
- Para doblar o cambiar la dirección de una rama hay que girar o torcer la rama que resista al cambio.

2. Eliminar el alambre

Quitar el alambre inmediatamente si estuviera dejando su marca en el árbol. Si no es así, puede dejarse colocado unos tres meses (TJ entre tres meses y un año según el caso).

Hay que estar más atentos a la parte superior donde está el alambre, ya que las partes superiores de las ramas pueden engrosarse más rápidamente (según el árbol y el clima del lugar donde se encuentra el bonsai).

Para sacarlo hay que sujetar bien el alambre y la rama juntos, con una mano. Si se considera necesario quitar los alambres cuanto antes, simplemente se cortarán con alicate en pedazos antes de quitarlos. Si la parte no ha quedado como se deseaba, colocar el alambre nuevamente cambiando levemente los puntos de su enrollamiento.

Cortar el alambre

Ésta es la manera más sencilla de desalambrar

Para eliminar los alambres, la forma más sencilla es cortarlos en pedazos, así no se lastimarán las ramas delgadas. Si son alambres delgados se podrán desenrollar a mano.

CAPÍTULO 6

FORMACIÓN DE ESTILOS

Ciertas formas estéticas tradicionales han sido desarrolladas pacientemente por diversos maestros dedicados al bonsai a lo largo de los siglos. Apropiarse de algunos de estos conocimientos milenarios es saber que hay ciertos estilos que no pueden aplicarse a ciertos árboles y es importante distinguirlos para no perder el tiempo. Lea atentamente los puntos clave de cada estilo para poder aplicarlos a sus ejemplares de acuerdo con los materiales disponibles.

SHINPAKU *(Juniperus chinensis sabina)*, "mascota" del Centro Cultural Argentino de Bonsai, obra de Takeo Kawabe junto con Alejandro Sartori, actual presidente del CCAB, vía a perfeccionar.

GOYOUMATSU (*Pinus parviflora*)

Los estilos de bonsai más convencionales

Señalaremos a continuación los estilos de bonsai más convencionales.

Grupo de monotronco

CHOKKAN (tronco recto),
MOYOUGI (tronco dibujado),
SHAKAN (tronco inclinado),
BUNJINGI (literato),
KENGAI (cascada),
HANKENGAI (media cascada),
ISHITUKI (tronco con roca),
NEAGARI (raíces aéreas),
FUKINAGASHI (azotado por el viento),
HOUKITSUKURI (escoba), etc.

Grupo de troncos múltiples

SOUKAN (doble tronco),
SANKAN (triple tronco),
YOSEUE (bosque),
TAKAN O KABUTACHI (múltiple tronco),
IKADAFUKI (balsa),
NETSURANARI (reptante), etc.

A continuación detallaremos cada uno de los estilos señalados excepto SANKAN (triple tronco) por ser una variante de TAKAN O KABUTACHI (múltiple tronco). Daremos además algunos aspectos importantes para su preparación.

Grupo de monotronco

Estilo CHOKKAN (tronco recto)

Lo más importante para preparar el bonsai del estilo CHOKKAN (tronco recto) es utilizar un árbol de conífera con el tronco recto. Se puede obtener por medio de la siembra o por acodo aéreo en caso del KUROMATSU (*Pinus thunbergii*). También corrigiendo el tronco curvo de un árbol.

Materia prima

Es necesario buscar un árbol que tenga las raíces tendidas hacia todas las direcciones en forma horizontal o en forma de paraguas (NEBARI).

El tronco debe ser grueso en la base y más delgado hacia la copa (TACHIAGARI). La altura adecuada del árbol se define entre la proporción de la forma de las raíces y tronco.

Forma ideal del estilo

Visto desde el frente el árbol debe tener las ramas en forma de triángulo escaleno. El nivel de la punta de la rama Nro. 1 debe estar aproximadamente al 20 % de la altura total del árbol y tener un ángulo descendente de 60° sobre la línea vertical del tronco. Las ramas superiores deben ir teniendo cada vez menos inclinación descendente, hasta llegar a una línea horizontal a la altura de la mitad del árbol. Las ramas superiores deberán tener un ángulo ascendente.

El largo de la rama Nro. 1 del costado debe tener una proporción de 60 % contra 40 % del largo de la rama del costado Nro. 2, formando así entre las dos la línea de la base de un triángulo escaleno con el vértice en la copa del árbol.

Esta proporción representa la base de la belleza del bonsai de estilo CHOKKAN (tronco recto).

Cada rama debe expandir sus ramitas hacia los lados de modo horizontal, de manera que el conjunto de las hojas esté lo más horizontal posible.

Estilo CHOKKAN

Triángulo escaleno, la forma básica del bonsai de conífera.

KAEDE *(Acer buergerianum)*

Estilo Moyougi (tronco dibujado)

La denominación de Moyougi (tronco dibujado) se le ha dado a un estilo que tiene forma de un gran árbol antiguo, con sus raíces bien tendidas en forma robusta, con curvas marcadas en la parte inferior del tronco y otra curva más suave y elegante en la parte superior. El tronco con muchas partes de curvas y muy retorcidas se denomina Bankan.

Todos los árboles de este estilo terminan con la punta del árbol extendida en línea vertical sobre la base del tronco.

Los árboles que no cumplen con esta condición se clasifican dentro del estilo Shakan (tronco inclinado) o Bunjingi (literato).

Materia prima

El árbol se puede obtener plantando semillas, por esqueje, acodo o tomando un árbol natural. Luego hay que darle la forma correspondiente con alambres.

No resulta natural darle una curva artificial cerca de la base del tronco, por ello hay que seleccionar entre varios árboles que tengan esa característica desde el nacimiento, con sus raíces bien tendidas.

El estilo es adecuado para toda la especie de los árboles.

Manera de dar la forma

Las curvas deben tener un ángulo grande en la parte inferior del tronco y ángulos menores en la parte superior.

Las curvas se dan al tronco con alambres. La dirección puede ser tanto hacia los costados como hacia adelante y hacia atrás. También es posible dar curva a las ramas hacia arriba o hacia abajo.

La postura más hermosa de este estilo es, en general, que cada rama principal con sus ramitas y hojas cubran un área circular cuando se mira el árbol desde arriba, y que el tronco, visto desde un costado, tenga una ligera inclinación hacia adelante.

El punto más importante es observar bien el árbol y darle las curvas, tanto al tronco como a las ramas, dentro de la postura que se indicó en el párrafo anterior.

Estilo Moyugi

Estilo BUNJINGI (literato)

Es un estilo bien sencillo sin la pretensión de aparentar una obra importante. No tiene una definición, sino que es un estilo libre, que no intenta demostrar ni mucha técnica ni labores aplicadas por el autor. Es el estilo típico de expresar el sentimiento propio de WABI y SABI.

El tronco tiene que tener una ligera inclinación hacia un costado, sea a la derecha o a la izquierda.

Materia prima

Para crear un bonsai de este estilo se usan los árboles nacidos con una cierta forma. El árbol no puede ser ni muy gordo ni robusto, sino que debe tener un tronco más bien delgado sin muchas ramas ni hojas.

Se pueden elegir los árboles no aptos para otros estilos. Serían ideales los árboles delgados y con curvas naturales que expresen un aire de WABI y de SABI: la sencillez, la soledad, fugacidad de la vida, la tristeza, etc. Pero tiene fuerza interior para sobrevivir en condiciones adversas.

Los árboles aptos para este estilo son en principio los de conífera y algunos árboles de latifolias.

Manera de dar la forma

Para el efecto esperado no hace falta tener ramas en la parte inferior. La parte superior debe tener pocas ramas con pocas hojas para que no parezcan pesadas. Podar las ramas en la parte inferior si las hay.

Un factor muy importante es cómo aprovechar el espacio entre el tronco inclinado, la rama principal inferior —que se extiende hacia la dirección de la inclinación del tronco— y el suelo representado por la maceta.

Muchos dejan una pequeña rama o JIN dentro de este espacio para no dejarlo totalmente vacío.

Estilo BUNJINGI

Estilo SHAKAN (tronco inclinado)

Materia prima

Se busca el material entre los árboles que tengan sus raíces o sus ramas hacia una dirección. Se puede elegir entre las plantas no aptas para CHOKKAN (tronco recto) ni para MOUYOUGI (tronco dibujado). También se puede obtener a través del esqueje. Todos los árboles de conífera y de latifolias son aptos para este estilo.

Manera de dar la forma

El árbol puede tener el tronco recto o dibujado pero presenta una inclinación hacia un lado, por lo tanto se puede dar la forma sencillamente plantando un árbol inclinado, ya que no tiene definida la forma ni el ángulo al que se inclinará el tronco.

Estilo SHAKAN

Estilo KENGAI (cascada) y HANKENGAI (media cascada)

Es un tipo de árbol que suele encontrarse entre las rocas en las montañas. La diferencia entre KENGAI (cascada) y HANKENGAI (media cascada) está en el nivel de la caída de la punta del árbol. Si la punta del tronco está más abajo de la línea horizontal del fondo de la maceta corresponde al estilo de KENGAI (cascada). Los árboles que no tienen la punta del tronco al nivel de dicha línea se denominan HANKENGAI (media cascada). La naturaleza de los árboles es la misma.

Para su referencia, cuando la caída del tronco de un árbol es mucho más pronunciada se denomina DAIKENGAI (gran cascada).

Características del árbol

Raíces: como se trata de un árbol que vive sobre una roca expuesto a con-

Izquierda: Cedro azul *(Cedrus atlantida glauca)*.

diciones severas de la naturaleza sus raíces crecen hacia una sola dirección en busca de mayor cantidad de agua.

Tronco: en general el tronco empieza a crecer hacia arriba y luego se dobla hacia abajo en busca del sol.

También hay casos en que la parte superior del tronco ha muerto y una de sus ramas sobrevivió; como si fuera una extensión del tronco crece hacia abajo con la curva natural correspondiente.

Árbol: para este estilo también se usan los árboles de cualquier especie que nacen con estas características. Por eso se pueden usar todos los tipos de árboles.

Es posible dar la forma al tronco artificialmente, pero es preferible buscar un árbol que sea más del estilo. Además, se podrá obtener la figura buscada, la que se haya imaginado previamente, entre los árboles de tronco bastante curvo o inclinado, según la manera en que sea plantado.

Los árboles florales se prestan para este estilo, porque son en general muy dóciles para darles forma.

Es importante que el tronco esté dotado de curvas y dibujos que actúan como reflejo de sus años de vida. Es fundamental la forma de las ramas. Tiene que tener bastantes ramas y ramales para dar a la obra un aspecto solemne con profundidad y amplitud.

Se pueden aprovechar —si las tiene— las ramas muertas para hacer un Jin como una "expresión del correr del tiempo", una muestra de que el árbol viene luchando para sobrevivir durante años.

Nunca se debe colocar hacia el frente la parte colgante del tronco porque las hojas taparían la maceta, la figura y los dibujos del tronco, factores muy importantes para exhibir.

Estilo Kengai

Maceta: la maceta tiene que ser muy profunda a fin de balancear físicamente el peso del árbol que sobresale en relación con la dimensión de la maceta.

Una maceta profunda con la base más angosta que el borde superior es ideal para acomodar el árbol sin limitar la posición de la línea del tronco y las ramas que quedan colgando.

Estilo Ishitsuki (tronco con roca)

Es un estilo que representa el paisaje de un árbol solitario en una pequeña isla entre las olas gigantes del océano, o un árbol que sobrevive en una roca bajo condiciones muy severas de la naturaleza, junto a una cascada en la montaña remota, lejos de la civilización.

Por lo tanto la obra no se termina cuando queda el árbol plantado sobre una piedra, sino que hay que esforzarse por lograr expresar estas apariencias, invirtiendo en ellas por lo menos dos o tres años.

Dentro de este estilo hay dos variantes: una es plantar sobre una piedra, que es más común, y otro es plantar con una piedra abrazada por las raíces para mostrar la belleza de las mismas.

Por ser éste un estilo un poco más complejo que los anteriores, explicaremos detalladamente la forma de realizarlo.

Formas interesantes de rocas

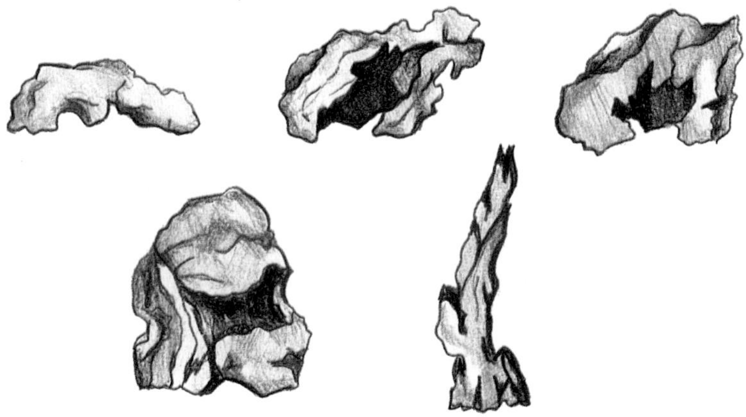

Época de preparación

Considerando el crecimiento de las raíces, la mejor época para plantar el árbol sobre la piedra es entre mediados de septiembre y mediados de octubre (TJ entre mediados de marzo y mediados de abril).

Paso a paso. Cómo realizar el estilo Ishitsuki

1. Selección de la piedra

Primero se debe buscar una piedra natural que tenga muchos hoyos chiquitos, que exprese un precipicio rocoso o una cascada, etc., que no sea de un color llamativo, sino más bien oscuro y que inspire al verla la naturaleza que rodea al árbol.

2. Elección del árbol adecuado

Entre las especies de conífera, ICHII (*Taxus baccata*), KUROMATSU (*Pinus thunbergii*) y SHINPAKU (*Juniperus chinensis sabina*) son los árboles que más se usan.

También es un estilo bastante común entre las demás especies.

No son adecuados los árboles que se prestan para el estilo CHOKKAN (tronco recto) y SOUKAN (tronco doble).

Seleccionar aquellos árboles que tengan la primera rama demasiado larga o el comienzo del tronco muy curvado y que no sirva para ser plantado en una maceta normal.

Se puede elegir un árbol que sirva para BUNJINGI (literato), KENGAI (cascada) o HANKENGAI (media cascada).

3. Elección de sustrato

Preparar un sustrato con 40 % de arcilla de terracota, 30% de turba y 10% de musgo esfagno mezclado con un poco de agua. Mezclar bien hasta formar una masa del tamaño de una pelota de golf que facilitará la preparación del terreno para plantar el árbol sobre la piedra.

4. Forma de plantar

Observar bien la piedra para decidir en qué punto se colocará el árbol. Preparar los alambres que lo sostendrán a la piedra. Hacer una cruz enredando dos alambres de aproximadamente 40 cm de largo cada uno y cubiertos con plástico. Colocar el punto de intersección de los dos alambres sobre el punto central donde se fijará el árbol. Cubrir la intersección con 1 cm cuadrado de arcilla. Luego cubrir la arcilla con pegamento instantáneo tipo epoxy, esperar quince minutos para que los alambres queden bien firmes sobre la piedra.

Adherir la mezcla de sustrato sobre los alambres para crear un espesor aproximadamente de 1 cm en el área donde va a estar el árbol con sus raíces.

Sacar el árbol de su maceta, quitar todo el terrón y cortar bastante las raíces. Colocarlo sobre el terreno preparado.

Una vez puesto el árbol, atar al tronco y a las raíces con los alambres para sujetar el bonsai sobre la piedra. Cubrir los alambres y las raíces con sustrato (1 cm de espesor como máximo).

Finalmente tapar el sustrato con pedazos de musgo esfagno, sujetándolos con alambres cortos preparados en forma de "U" para que no se corran al regar.

No hace falta cubrir todo el terreno con los musgos, principalmente sirve para mantener la humedad en la parte principal del terreno, cerca del tronco.

En caso de que el árbol no haya quedado firme, reforzar atando con sogas al tronco junto con la piedra.

Es aconsejable colocar una planta compañera en la misma piedra, que exprese las estaciones del año, lo cual puede hacerse del mismo modo que el árbol principal.

5. Los controles posteriores

Regar con suficiente agua sobre las raíces, colocar la piedra junto con el árbol donde reciba el sol de la mañana. Evitar que le dé viento helado durante diez días y regar dos o tres veces al día.

Después de tres semanas comenzar a fertilizar (poca cantidad y en polvo). Si el árbol se ha arraigado y recupera su vigor, se le podrá agregar una pequeña cantidad de fertilizante a partir del mes siguiente de plantado, sin podar ni poner alambres.

Mantener la planta durante el invierno donde reciba suficiente sol pero no frío extremo, para evitar que se congele el agua.

6. Segunda temporada. Qué hacer

A principios de septiembre (TJ principios de abril) colocar el árbol con la piedra al sol y regar siempre con suficiente cantidad de agua.

Si comienzan a salir las yemas, colocar fertilizante a fines de septiembre, mediados noviembre y fines de febrero (TJ a fines de abril, principio de junio y fines de septiembre), cada vez tres o cuatro bolitas (depende del tamaño del árbol), en puntos clave.

Cuando las hojas se han endurecido, podar las yemas y las ramas que estén de más para que se aprecien los aspectos atractivos del bonsai con la roca.

Guardar la planta a fines de mayo (TJ a mediados de diciembre) en un lugar en donde no se congele la tierra.

7. Tercera y cuarta temporada. Repetir los cuidados

Repetir los mismos cuidados que el año anterior, pero evitando reiterar con mucha frecuencia las podas de los brotes, ya que aumentan la cantidad de hojas y ramas y el bonsai pierde el aire de ser una planta que sobrevive en una roca a duras penas.

8. Quinta temporada. Deshacerse del sustrato viejo

Las raíces que han crecido todo este tiempo comienzan a levantar la tierra de cultivo. Entonces, a fines de septiembre o a mediados de octubre (TJ mediados de abril o principio de mayo), hay que deshacerse del sustrato viejo, reubicar las raíces sin lastimarlas y cubrirlas con un nuevo sustrato.

Si hay raíces que sobresalen del sustrato y están vivas, se dejan así, sin cubrirlas; esto sirve para expresar que el árbol se está agarrando de la roca para sobrevivir.

Si se ha plantado otro arbolito en la misma piedra y éste creció demasiado, debe cambiarse por otro más chico para equilibrar el tamaño entre los dos.

Colocar los alambres y el sustrato.

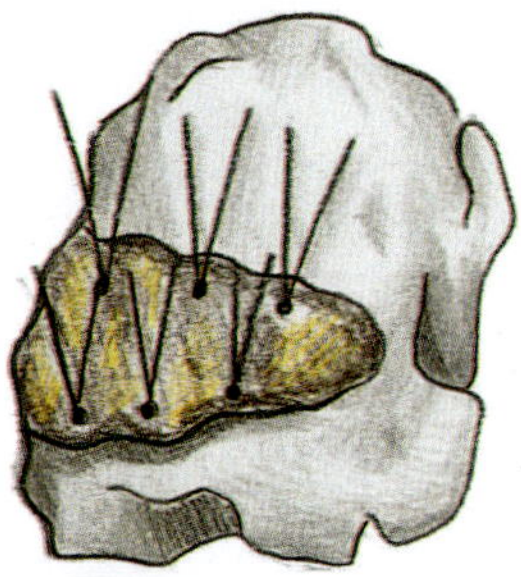

Debe pensarse antes el punto donde va a plantarse el árbol.

Eliminar terrón y cortar las raíces.

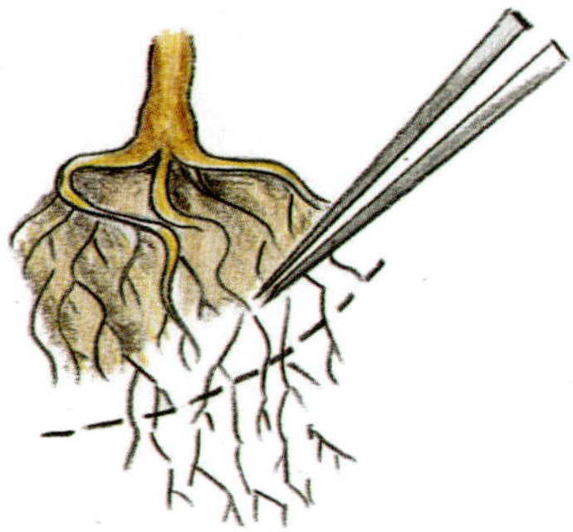

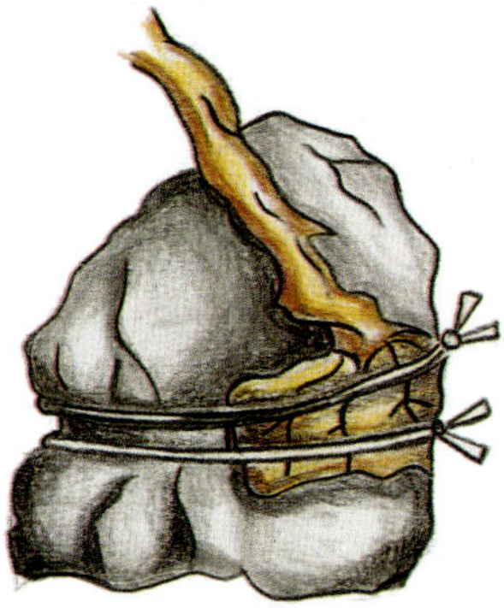

Después de cubrir las raíces con suficiente cantidad de sustrato, amarrar con alambres. En el caso de que la fijación con alambres no sea suficientemente fuerte, utilizar sogas también.

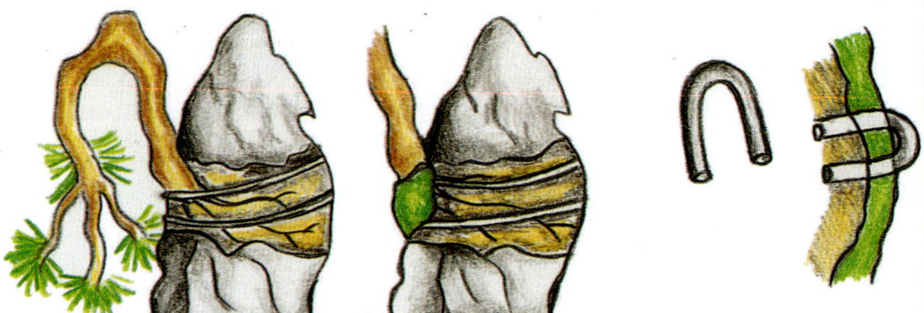

Se debe cubrir el sustrato con musgo para mantener mejor la humedad. Usar alambres bien cortos para sujetar los musgos sobre el sustrato.

Estilo Neagari (raíces aéreas)

La imagen de este estilo se basa en el árbol que sobrevive en la arena o en una roca en las playas marinas.

Materia prima

Se deben buscar árboles que tengan la figura para este estilo desde su nacimiento, no importa la especie.

Por lo general se encuentran en una zona donde hay derrumbe del terreno.

Las raíces aéreas también son posibles de preparar. Hay que plantar un arbolito de más de cuatro años en una maceta honda. Antes de hacerlo, se coloca una bola de arcilla de tamaño a gusto y se extienden las raíces alrededor de la misma, atándolas con sogas delgadas. Se debe mantener y cuidar durante dos temporadas para que se formen las raíces del modo en que deseamos. En la tercera temporada, en primavera, trasplantarlo con sus raíces en el aire sin la bola y sin cubrir la base de las raíces con sustrato. Repetir en la próxima temporada con más cantidad de raíces al aire (para lograr el largo de raíces deseado).

Estilo Neagari

Antes de plantar el árbol, eliminar aquellas raíces diminutas que van a estar visibles sobre el sustrato. Plantar en una maceta poco profunda.

Cuando se desee que algunas raíces estén más abiertas, aplicar técnica de alambrado.

Dibujos en las raíces

Las raíces que se exponen sobre el suelo irán adquiriendo dibujos naturales de muchos años sobre la superficie.

Cuando se encuentren árboles apropiados para este estilo, se deben eliminar las raicillas delgadas y cortas que crecen en las raíces principales que están al descubierto. Plantar luego el árbol en una maceta poco profunda.

En caso de que el árbol sea comprado en vivero, replantar en una maceta no profunda, cubrir con sustrato sólo la mitad de las raíces y dejar el resto de las raíces al aire pero cubiertas con musgo durante un año para sacárselo después. Recortar todas las raicillas que quedan a la vista.

Forma del árbol

Un año o dos después de la plantación cortar las ramas innecesarias. Formar las que quedan con alambre dándoles una línea de inclinación acorde con la orientación de las raíces aéreas y el tronco.

Podar las ramas para que no tenga muchas, ni con demasiadas hojas, de manera que la parte superior del árbol no parezca pesada o con mucho volumen.

Cuidado posterior

El cuidado posterior corresponde al de los árboles adultos.

NEAGARI, raíces aéreas.

Estilo Fukinagashi (azotado por viento)

Este estilo representa a los árboles que viven en las zonas aisladas en las que hay mucho viento, muy fuerte y constante, justamente como el sur de la Patagonia argentina.

Son árboles que tienen su tronco casi acostado por la fuerza constante del viento, tienen pocas ramas principales y están hacia el lado del sotavento (del lado contrario al viento), acompañando la inclinación del tronco.

El estilo Gyaku Fukinagashi tiene las ramas hacia el lado contrario.

Materia prima

Muchos árboles, especialmente las coníferas, se prestan para este estilo. Lamentablemente es muy difícil preparar artificialmente este tipo de bonsai, por lo tanto sugerimos preparar un árbol siempre y cuando la materia prima se encuentre muy deformada y con el aspecto adecuado para este estilo.

Forma del árbol

No tiene una forma especial. Sólo hay que fijarse que exprese condiciones naturales muy severas, por ejemplo que el aspecto del tronco no sea robusto, sino más bien delgado, las ramas principales y hojas también muy pobres.

El aspecto interior del árbol es fuerte en su espíritu por sobrevivir en una zona árida en condiciones naturales totalmente adversas.

En general se planta en una maceta poco profunda. Se podría combinar con la piedra como en el estilo Ishitsuki (con roca), lo cual sería un intento muy interesante.

Cuidar la planta como usualmente se cuida un árbol normal, pero teniendo en cuenta que no se engrose demasiado y que no tenga muchas ramas ni hojas vigorosas, así no pierde el aspecto adecuado.

Estilo Fukinagashi

Estilo Houkitsukuri (escoba)

Entre los bonsai de latifolias es el estilo más utilizado entre los principiantes de este arte.

El motivo es que muchos tienen miedo de que al podar las ramas se muera el árbol. Podan sólo las ramas crecidas en exceso (Tochou-Eda) y dejan crecer todas las ramas por igual. En consecuencia se forman árboles en forma de abanico o de pelota, que es la figura del Houkitsukuri (escoba).

Es nuestro deseo transmitir que los árboles no mueren tan fácilmente, por más que se poden sus ramas y hojas. Es posible cultivar el bonsai con confianza, podando las ramas se logra crear una forma diferente al estilo Houkitsukuri.

Éste es el primer paso y el más importante para aprender a crear bonsai más interesantes.

Estilo Houkitsukuri

Grupo de troncos múltiples

Estilo SOUKAN (tronco doble)

En este estilo se aprecia la belleza de la figura que genera la convivencia de dos árboles en armonía.

Cuando el árbol más pequeño es muy bajo no se llama SOUKAN (tronco doble) sino KOZURE CHOKKAN (tronco recto con hijo) y se clasifica dentro de otro estilo.

La relación de tamaño entre los dos troncos debe ser de uno a tres o de uno a dos, y la figura de cada tronco debe ser casi recta, como el CHOKKAN (tronco recto).

Por su forma los árboles florales y frutales no son aptos para este estilo.

Materia prima

Se pueden encontrar árboles de este estilo que tengan la figura de nacimiento, pero es más común usar árboles obtenidos a través del esqueje.

El tronco principal y el tronco subordinado deben compartir las mismas raíces. Los troncos deben estar más juntos en la superficie, sobre el suelo, donde se ve apenas la unión —con un ángulo muy marcado—, no como el curvo llamado *patas de rana*.

Formación

El secreto es dejarlos crecer —con todas sus ramas— mientras son jóvenes, y recién cortar las ramas indeseadas cuando tengan más de tres años.

Forma de arreglar las ramas

Estilo SOUKAN

El tronco alto no debe tener ramas hacia el tronco bajo que llega hasta la mitad o más arriba del otro tronco.

El tronco bajo tampoco debe tener ramas hacia el alto, excepto las ramas superiores.

Los dos troncos no deben tener las ramas a la misma altura.

Para distribuir las ramas se deben considerar los dos troncos como uno solo, o sea iniciar la rama Nro. 1 con la rama inferior del tronco bajo y la Nro. 2 —que le sigue— es del tronco alto y así sucesivamente.

En principio los dos troncos no deben tener las ramas de uno hacia el otro, pero hay que fijarse cómo colocar las ramas de atrás.

Si hay ramas que quedan en posición transversal con respecto a cualquiera de los dos troncos, hay que eliminar una de ellas o cambiar el ángulo para mantener la figura no transversal.

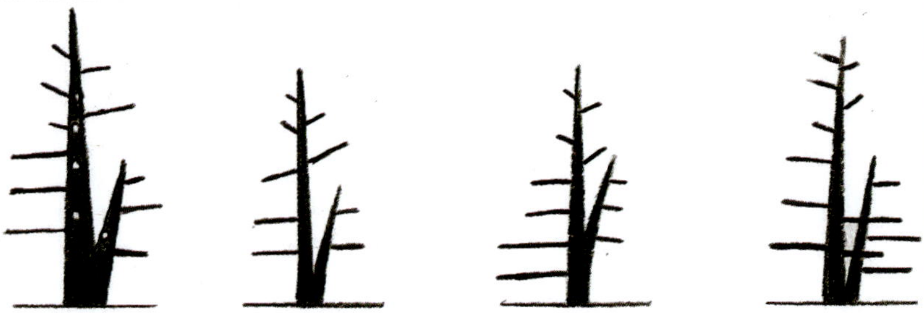

Perfiles ideales para el estilo doble tronco

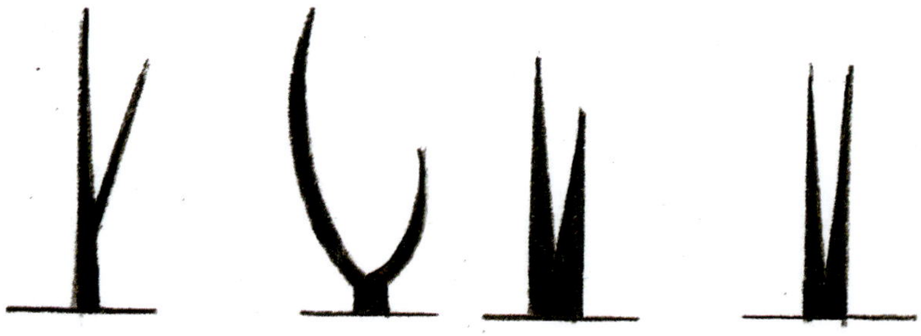

Perfiles no deseables

Estilo Yoseue (bosque)

Este estilo consiste en plantar varios árboles de la misma especie dentro de una maceta, creando el paisaje de un bosque.

La técnica para preparar los árboles antes de plantarlos dentro de la maceta es básicamente la misma que la del estilo Chokkan (tronco recto) o Bunjingi (literato) en el grupo monotronco.

También es posible sembrar las semillas —si son de la misma especie— directamente en una maceta amplia con poca profundidad.

Los árboles que se prestan para este estilo son todos de conífera excepto Ichi (*Taxus baccata*). En cuanto a los árboles de latifolias, se utilizan Inutsuge (*Buxus sempervirens*), Kaede (*Acer buergerianum*), Momiji (*Acer palmatum*), Choujubai (*Chaenomeles lagenaria*) y Satsuki / Tsutsuji (azalea).

Puntos clave

Cada uno de los árboles debe tener la forma de triángulo escaleno, si es que son coníferas.

Debe definirse cuáles van a ser los tres árboles principales (el principal, la pareja y un hijo). Se plantan en ese orden formando, en conjunto, un triángulo escaleno visto desde el frente.

Paso a paso. La creación del estilo

A principios de la primavera, tener listos cinco árboles o más (un número impar de cuatro o cinco años cada uno), el tronco debe tener 4 o 5 mm de diámetro y de 10 a 15 cm de altura.

Plantar cada uno de ellos en una maceta independiente. Una vez plantados los árboles definir cómo se trasplantarán, dos años después, a la maceta de cuidado, formando un bosque o una arboleda.

Para formar el bosque hay que podar las ramas y las yemas a mediados de diciembre (TJ a mediados de junio). Aplicar alambres a partir de enero (TJ abril) para rectificar —si es necesario— la línea de los troncos así queda un bosque armónico.

Otra forma muy sencilla es sembrar las semillas en una maceta de exhibición y dejar crecer los brotes durante un año. En la siguiente primavera entresacar los arbolitos previendo cuáles van a ser los tres árboles principales.

Se cuidan como los árboles que pertenecen al grupo de monotroncos y se utiliza una maceta ovalada de barro con poca profundidad (40 cm como máximo de diámetro y que tenga por lo menos dos hoyos de desagüe).

Colocar alambres para sujetar los tres árboles principales, del modo en que se explicó anteriormente para el trasplante de los árboles preparados.

En la primavera siguiente se deben trasplantar, empezando por el árbol

Estilo Yoseue

Plantación a la 3ª temporada, a principios del verano

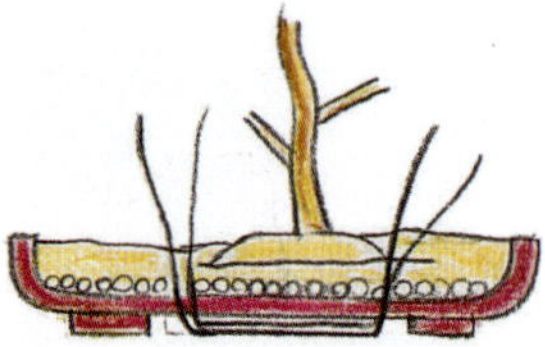

Plantar primero dos árboles principales sujetándolos con alambre para afirmarlos.

Cubrir con musgo el sustrato.

Luego de los dos árboles principales, picar entre las raíces para acomodar el sustrato. Agregar más sustrato para plantar el resto.

Perfil del bosque.

Después de más de cuatro meses posteriores al trasplante, colocar los alambres para darle mejor forma a cada arbolito.

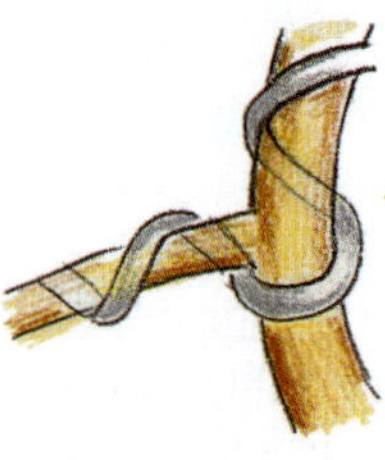

Una forma de colocar el punto del comienzo del alambrado. Tratar de dar inclinación descendente a las ramas principales hasta la mitad de la altura del árbol.

Año tras año se va refinando su forma y estilo.

Perfil del bosque luego de la poda fundamental.

En la 4ª temporada hay que darle mejor forma para lograr el perfil del bosque.

principal más alto. Antes de colocar los árboles en la nueva maceta se les quita casi todo el terrón y se cortan las raíces dejando menos de la mitad, para facilitar el trasplante.

Atar los tres árboles principales con alambres (preferiblemente cubiertos de plástico) para inmovilizarlos, luego cubrir las raíces con sustrato de granos medianos y presionar bien la superficie. Después de los tres árboles principales se planta el resto, cubriendo toda la superficie con sustrato y musgo esfagno alrededor de los árboles.

Antes de terminar se riegan con abundante agua, y se expone la maceta al sol de la mañana durante tres semanas. Finalmente se saca a pleno sol.

Necesitan el mismo cuidado que los árboles adultos.

Distribución de árboles

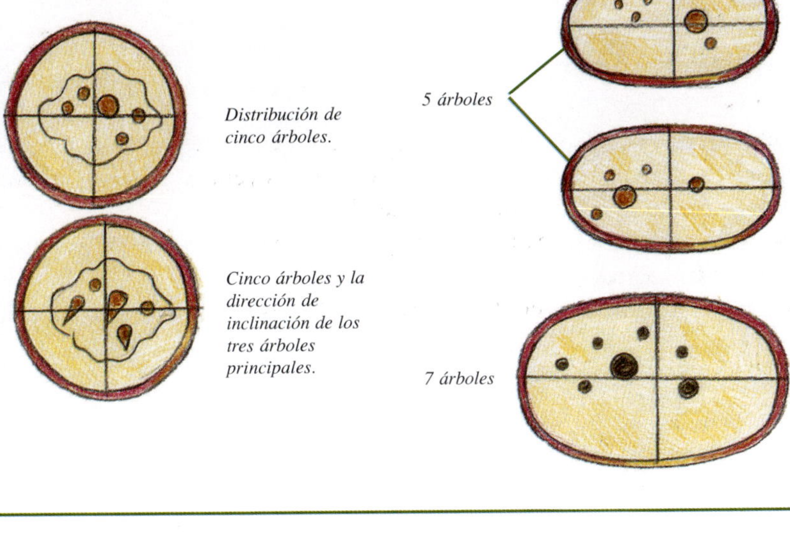

Distribución de cinco árboles.

Cinco árboles y la dirección de inclinación de los tres árboles principales.

Estilo Kabutachi (múltiples troncos)

Dentro del concepto de Kabutachi (múltiples troncos) se incluyen los estilos de Sankan (tres troncos) y Gokan (cinco troncos), pero la forma de crear estos estilos es básicamente la misma.

Es un estilo que se desarrolla a partir de las yemas crecidas en el costado de la punta de un arbolito podado. Los arbolitos que se convierten comúnmente en bonsai de este estilo son Ichii (*Taxus baccata*) y Sugi (*Cryptomeria*) entre las coníferas. Y también sirven casi todos los árboles de latifolias excepto Kaede (*Acer buergerianum*) y Momiji (*Acer palmatum*).

Materia prima

Utilizar un arbolito vigoroso de la temporada anterior, que tenga muchas ramas. Entre noviembre y diciembre (TJ entre mayo y junio), cortar la punta del arbolito.

Brotarán las nuevas yemas en el costado de la parte del corte. Estas nuevas yemas son las que se usan para crear este estilo de múltiples troncos. Difícilmente se consiguen árboles naturales con estas características de estilo.

Paso a paso. La creación del estilo

Primera temporada

1. Cortar la punta. Cortar horizontalmente en noviembre o diciembre (TJ mayo o junio) la punta del arbolito, dejando crecer las nuevas yemas desde el costado de la parte cortada.

Segunda temporada

2. Qué hacer. A mediados de octubre (TJ mediados de mayo) de la siguiente temporada hay que separar esta base con nuevas yemas o ramas cortando el tronco con tijeras 3 cm por debajo de ellas.

Se debe esquejar esta parte en un hoyo de 4 cm de profundidad, preparado en un almaciguero dentro de una maceta.

Fertilizar a partir de enero (TJ agosto). Podar las ramas demasiado crecidas.

Preparación del estilo Kabutachi

Cortar la parte superior a comienzos del verano.

A los doce meses cortar la base de las yemas y esquejar.

En la 3ª temporada, al principio de la primavera, trasplantar a una maceta de cultivo. Aprovechar el momento para cortar las raíces.

En la cuarta temporada se trasplanta a la maceta de exhibición.

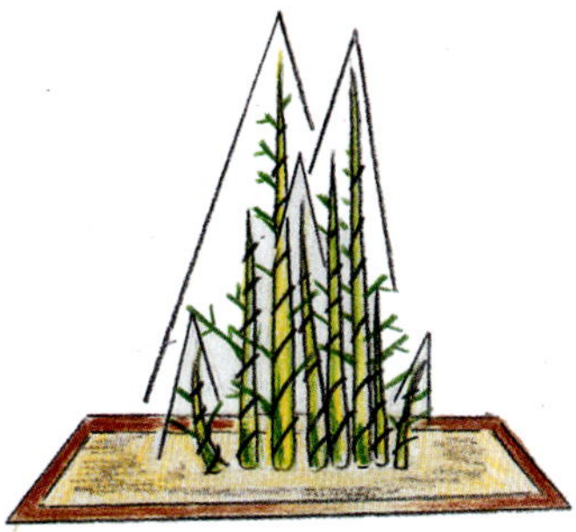

Tercera temporada

3. Qué hacer. A fines de agosto (TJ segunda quincena de marzo) trasplantar a una maceta de cultivo un poco más grande y poco profunda. Antes, cortar casi la mitad de las raíces.

Podar las ramas y colocar los alambres entre noviembre y marzo (TJ junio y septiembre) tratando de formar cada tronco como un triángulo escaleno, si son de conífera.

Cuarta temporada

4. Qué hacer. Trasplantar entre principios de septiembre y mediados de noviembre (TJ mediados de marzo y fines de mayo) a una maceta ovalada de exhibición, de poca profundidad. Para facilitar el trasplante eliminar una tercera parte del terrón y raíces que salen hacia abajo.

Continuar la poda de las yemas y ramas. Colocar los alambres desde fin de noviembre y febrero (TJ junio y septiembre) para dar una mejor figura a los árboles.

Cambiar la maceta cada tres años, repitiendo los mismos cuidados de mantenimiento de los árboles adultos a partir de la cuarta primavera.

Estilo NETSURANARI (reptante)

Los árboles de este estilo se consiguen de la misma manera que en el caso del estilo KABUTACHI (múltiple tronco).

También se consideran como de este estilo NETSURANARI (reptante) los árboles que se unen en uno solo como resultado natural de la unión de las raíces de los árboles que fueron individualmente plantados, como ocurre en el YOSEUE (bosque).

Las especies de SHOUHAKU (coníferas) adecuadas para este estilo son ITOSUGI (*Cupressus pyramidalis*), KUROMATSU (*Pinus thunbergii*), MYUGOMATSU (*Pinus mugo mughus*) y SHINPAKU (*Juniperus chinensis sabina*) y casi todos los árboles de otras especies.

Materia prima

Se utiliza el mismo método que para obtener árboles del estilo TAKAN o KABUTACHI (múltiple tronco).

Eliminar en septiembre (TJ abril) la yema recientemente formada. Dejar la planta podada hasta septiembre (TJ abril) del año siguiente.

Paso a paso. La creación del estilo

Primera temporada

1. Aplicar el acodo aéreo. En septiembre (TJ abril) aplicar acodo aéreo. En febrero (TJ septiembre), cuando se haya conseguido a través del acodo la planta con múltiples brotes ya crecidos, hay que trasplantarla de un modo especial.

Antes de acodar la planta, preparar la maceta para plantar. Debe ser poco profunda, de 20 cm de diámetro. Colocar en el fondo los granos gruesos. Encima una piedra relativamente grande, ancha y ovalada mirando de costado.

De la planta acodada, quitar la macetita de las raíces y retirar todo el terrón (con mucho cuidado de no lastimar las raíces); colocar la base de la planta sobre la piedra, extendiendo bien las raíces en todas direcciones.

Ajustar la altura de la piedra de manera que la base del tronco (cuello, de donde nacen las raíces) quede cubierta aproximadamente 1 cm por debajo de la superficie. Colocar más o menos sustrato debajo de la piedra para ajustar la altura.

Colocar granos medianos picando el sustrato con los palillos para acomodar bien debajo de la piedra. Luego cubrir con el sustrato de granos finos para terminar la plantación.

Bañar la maceta en agua y regar con abundante cantidad hasta que caiga agua del desagüe. Sacar la planta a donde tenga sol todo el día y buena ventilación.

Luego de un mes, fertilizarla cada mes hasta marzo (TJ octubre). Guardar la maceta bajo invernáculo en mayo (TJ diciembre).

Segunda temporada

2. Qué hacer. A fines de octubre (TJ a principios de abril) trasplantar de la siguiente forma. Tener preparada una nueva maceta, ovalada y poco profunda, de 40 cm de diámetro y con sustrato de granos gruesos. Sobre ellos, colocar granos medianos hasta un poco más de la mitad de la profundidad de la maceta.

Tomar el árbol, sacar toda la tierra de entre las raíces con cuidado de no lastimarlas. Cortar todas las raíces despejadas o lastimadas. Seguidamente cortar con tijeras —lo más corto posible— el pedazo remanente del acodo que queda colgado de la parte de abajo, en la base de las raíces.

Colocar el árbol con sus raíces bien extendidas, cubriéndolas con sustrato de granos medianos y luego con un poco de granos finos.

Atar la rama principal con soga a la maceta, para inmovilizarla.

Dos meses después, o sea en el mes de enero (TJ principio de junio), acostar las ramas sobre el sustrato (excepto dos o tres que quedarán como troncos principales), sujetas con sogas para que no se levanten.

Alrededor de los treinta días comenzarán a salir ramas y raíces de los troncos acostados. Cubrir los troncos acostados con sustrato de granos finos.

A fines de abril (TJ a fines de octubre) aplicar los alambres a cada uno de los troncos como árboles independientes, como se explicó anteriormente.

A principios del invierno, podar las nuevas ramas y las indeseadas para que, tanto éstas como los troncos, vayan tomando la forma de triángulo escaleno (en caso de conífera) y el conjunto de los troncos —tanto de coníferas como de otras especies— formen un bosque de triángulos escalenos irregulares, visto desde el frente.

Temporadas posteriores

3. Qué hacer. A mediados de marzo (TJ a fines de octubre) del siguiente año colocar alambres a las ramas y cortar las hojas para dar la forma de triángulo escaleno, en caso de coníferas. Si se trata de árboles de otras especies, mantener los triángulos escalenos irregulares en conjunto.

En las temporadas siguientes, podar las yemas y cortar las ramas demasiado crecidas y las indeseadas. Recolocar alambres, si hace falta, desde mediados de octubre a marzo (TJ entre abril y septiembre). Aplicar todos los cuidados de un bonsai adulto. Trasplantarla cada tres o cuatro años a una maceta más cómoda para exhibición.

Preparación del estilo NETSURANARI

Primera temporada

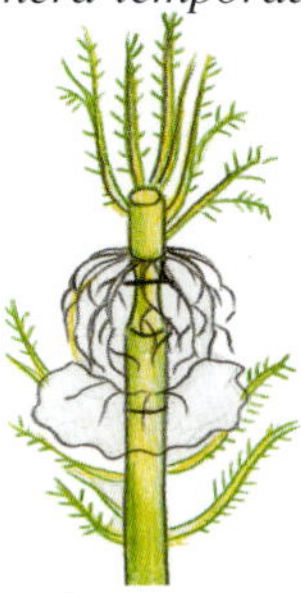

En el verano, cuando hayan aparecido las raíces, separar el acodo del tronco base.

Plantarlo sobre una piedra ovalada extendiendo las raíces hacia todas direcciones.

Segunda temporada

Para trasplantar a una maceta de cultivo, eliminar el terrón y el musgo con una pinza, con cuidado para no lastimar las raíces.

Cortar el remanente del tronco lo más corto posible.

Formas de colocar la planta

Tercera temporada

Acostar las ramas sobre el sustrato y dejar unas ramas más vigorosas para convertirlas en árboles principales.

(Continúa)

Sujetar las ramas acostadas para que no se levanten.

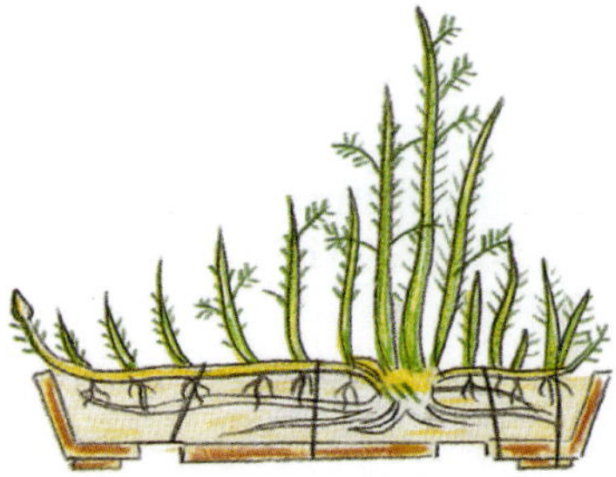

Alrededor de 30 días después saldrán las raíces en las ramas acostadas. Cubrirlas con sustrato de grano fino.

Tercera temporada

Al principio del otoño alambrar el tronco de cada uno de los arbolitos para mejorar la forma.

Al comienzo del invierno, podar las ramas crecidas en exceso y que sobresalgan de la línea del perfil considerado.

Cuarta temporada

Alambrar las ramas para perfeccionar la figura.

Estilo Ikadafuki (balsa)

Es otra forma de crear un bosque. La preparación del árbol es igual que en los casos de Yoseue (múltiple tronco) y Netsuranari (reptante), la diferencia consiste en la forma de trasplantar a la maceta de cultivo.

Las especies para este estilo, entre los árboles de coníferas son: Kuromatsu (*Pinus thunbergii*), Myugomatsu (Pinus mugo mughus) y Sugi (*Cryptomeria*).

También se pueden usar árboles de latifolias, aunque no es muy común.

Materia prima

Para crear este estilo se debe trasplantar a mediados de septiembre (TJ a fines de marzo) un árbol de tres o cuatro años.

Después de doblar con alambres la punta del tronco y las ramas, por casi 90 grados hacia una sola dirección (que no quede ninguna rama doblada hacia otra dirección), se trasplantará acostado.

Paso a paso. La creación del estilo

1. Preparación y momento oportuno

Antes de trasplantar el árbol preparar una maceta ovalada no muy profunda y que tenga de largo (como máximo) la altura del árbol antes de ser doblado (sus ramas y la punta del tronco). Colocar sustrato de granos gruesos en el fondo y cubrir con granos medianos hasta el borde de la maceta.

Sacar el árbol de la maceta y quitarle casi la mitad del terrón, cortando las raíces demasiado largas y gordas. Acostar el árbol sobre el sustrato con la punta del tronco y las ramas dobladas mirando hacia arriba.

Colocar la base del tronco con sus raíces y el terrón hacia un costado de la maceta, cubrir con sustrato de granos medianos, de manera que sobresalgan la punta del tronco y las ramas dobladas como si se hubieran plantado independientemente.

Sumergir en agua la maceta hasta el borde. Regar con abundante agua hasta que salga por el desagüe. Colocar la maceta sobre un estante donde reciba suficiente sol y que tenga buena ventilación.

2. Cuidado posterior

Dejar la maceta colmada de sustrato por un año. Durante la siguiente temporada quitar sustrato poco a poco hasta llegar a un nivel normal. Verificar el estado de la salida de las raíces.

A fines de noviembre o principios de diciembre (TJ mediados de junio) podar las yemas y ramas como si fueran árboles de segundo año, dando a cada una de las ramas, que ahora son troncos, y a sus ramitas la forma de triángulo escaleno (si son de conífera).

Colocar alambres entre los meses de noviembre y febrero (TJ junio y septiembre).

Los demás cuidados son los mismos que se aplican a los árboles de otros estilos. Cambiar la maceta cada tres años.

Formación del estilo Ikadafuki

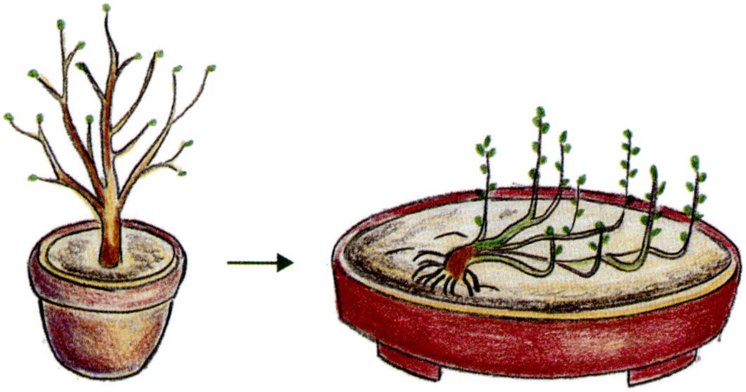

Al plantar un árbol acostado hay que aplicar alambre a aquellas ramas que no se dirijan hacia la superficie del suelo.

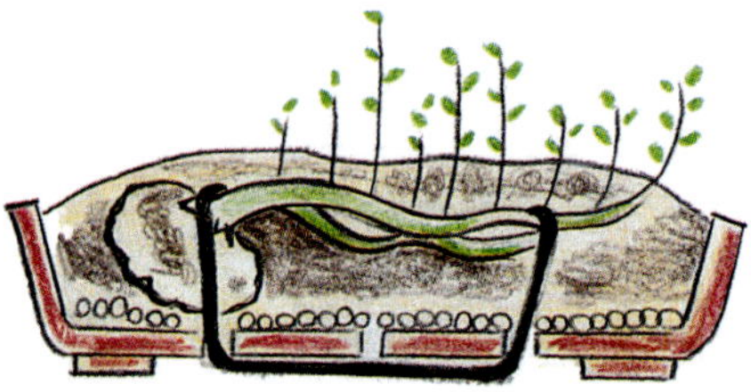

Igualmente hay que sujetar el tronco para mantenerlo adentro del sustrato.

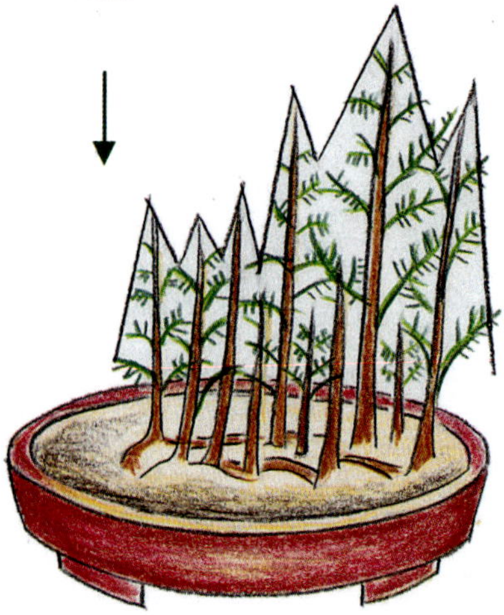

A partir de la temporada siguiente perfeccionar la figura con alambres.

JIN y SHARI. Términos y técnica

JIN y SHARI son técnicas especiales características del bonsai japonés. En los últimos treinta o cuarenta años estas técnicas se han expandido entre los profesionales y hoy en día también se han difundido bastante entre los aficionados. Ambas se aplican en cualquier momento del año, principalmente a los árboles de coníferas.

El término JIN se refiere en general a la parte muerta de un árbol (incluidos ramas y tronco), mientras que el término SHARI se refiere a la parte muerta del tronco.

Estas partes muertas se observan en los árboles naturales. Se forman en general en aquellos que han estado muchos años bajo condiciones especiales dentro del clima natural o que han sufrido daños por plagas. En las montañas se encuentran muchos árboles con estas características.

Los especialistas japoneses han desarrollado ciertas técnicas para reproducir estos aspectos naturales en los bonsai.

No existe una regla de cómo ni en qué forma deben aparecer. Basta con reproducir ese aspecto natural para que resalte la estética del árbol y adquiera un aspecto de cierta antigüedad o "larga vida", acorde con los años que tiene.

Por eso no es recomendable formar JIN ni SHARI en un árbol joven, o sea menor de cinco años.

Modo de aplicar el JIN

Se puede aprovechar una rama indeseada para hacer el JIN. Cortar la rama con una sierra o cuchillo, del largo deseado. Luego quitar toda la corteza y el cambium con cuchillo, buril y afiladora eléctrica. Por último con una lima de papel darle una forma que nos inspire. Terminado el trabajo, pintar la superficie con polisulfuro de calcio líquido, para que con el tiempo tome el color blancuzco natural.

Recomendación

Mojar con agua el lugar donde se untará el diluido de polisulfuro de calcio; esto facilita la aplicación. Cubrir el sustrato de la planta con papeles de diario antes de aplicar el líquido para que éste no caiga a la tierra (sería absorbido por las raíces y ocasionaría problemas de crecimiento). Usar poca cantidad para poder ver el dibujo de la madera.

Modo de aplicar el SHARI

El SHARI se forma de la misma manera que el JIN pero en el tronco, y sin quitarle el cambium en toda la periferia del tronco ya que sin cambium el árbol mismo se moriría. Siempre hay que dejar una continuidad física del cambium desde las raíces hasta la copa del árbol (a excepción de cuando se desee convertir a TEN SHARI —cuando se hace en la punta— la copa del árbol).

En caso de formar el JIN SHARI Y SABAMIKI nunca hay que apresurarse para terminar el trabajo. Se irá dando la forma y el aspecto en el transcurso mínimo de tres años, con clara visión y paciencia, para lograr el objetivo con la ayuda del propio árbol. Sólo el correr del tiempo dará al bonsai el aspecto de los años demorados en su formación natural.

Tipico ejemplo de la aplicación de JIN y SHARI.

Ejemplo de SHOUHIN BONSAI *(Camellia japonica wabisuke)*.

Capítulo 7

MANTENIMIENTO DE LOS ÁRBOLES ADULTOS

Un árbol adulto es aquel ejemplar que ha sido cuidado por más de tres temporadas después de haber sido plantado por primera vez en una maceta, independientemente de su edad. Durante esas temporadas se deben producir cambios drásticos para adecuar el crecimiento dentro del marco del concepto del bonsai. Una vez superada esa etapa, ya no habrá que podar ramas principales indeseadas sino hacer crecer algunas partes para lograr dar aun mejor forma a los árboles.

SHINPAKU *(Juniperus chinensis sargentii)*. "RAIJIN", obra maestra de Takeo Kawabe.

Cómo cuidar los árboles adultos

Se considerarán árboles adultos a aquellos árboles mayores de tres años que ya tengan formado su estilo y estén en condiciones para ser exhibidos. Explicaremos a continuación la forma de cuidarlos, para darles cada vez mejor figura.

Elección de la maceta

Se debe usar una maceta apropiada para el árbol, que se vea bien en una exposición.

Generalmente se considera que las macetas poco profundas no contienen mucho al agua, al contrario de las macetas profundas que sí lo hacen. Sin embargo, según el sustrato, el material y el diseño de la maceta, hay diferencia en la cantidad de tiempo en que el agua se conserva en la maceta.

Por lo tanto se debe prestar atención para establecer con qué frecuencia hace falta regar, y mantener bien a los árboles.

Sustrato

Como norma general colocar 10 o 20% de granos gruesos en el fondo, arriba los granos medianos hasta un 70% y finalmente los granos finos 10%. Cuando los árboles cumplan más de diez años de vida, se debería cambiar la proporción de granos finos hasta más de un 60%, disminuyendo la cantidad de granos medianos.

Frecuencia del cambio de sustrato

Cuando los árboles llegan a tener demasiadas raíces dentro de un es-

Izquierda: Tsubaki *(Camellia japonica)*; arriba: Azalea.

pacio limitado, se les dificulta absorber agua y nutrientes. Entonces las hojas comienzan a perder color y a secarse. Por otro lado, cuando el sustrato tiene demasiado tiempo en la maceta se endurece y no deja pasar el agua; esto también produce el pudrimiento de raíces.

Para resolver estas condiciones adversas al desarrollo del árbol es necesario cambiar totalmente el sustrato y recortar las raíces cada cierto tiempo. Lógicamente se debe descartar el sustrato sin volver a usarlo para otros árboles. La frecuencia recomendada del cambio se señala a continuación.

Frecuencia del cambio de sustrato

Árboles	Crecimiento	Cuándo realizar el cambio
Coníferas	Hasta los diez años Más de diez años	Cada dos años Cada tres o cuatro años
Otros árboles	Hasta los cinco años Después de los cinco años	Todos los años Cada dos años

La frecuencia detallada arriba sirve como indicación general. Sin embargo, cuando se vean los siguientes fenómenos, se cambiará el sustrato sin esperar a la primavera siguiente.

• Cuando al regar, el agua demora mucho tiempo en salir por el desagüe o cuando sale poca cantidad de agua.

• Cuando el crecimiento de las hojas es lento en relación con otros árboles.

• Cuando las raíces comiencen a asomar por el hoyo del desagüe.

Cambio de sustrato

Se recomienda cambiar el sustrato cuando se presentan los siguientes síntomas:
Las hojas no crecen al ritmo adecuado.
El agua de riego no se absorve correctamente y rebosa de la maceta.
No se puede remover la planta adentro de la maceta.

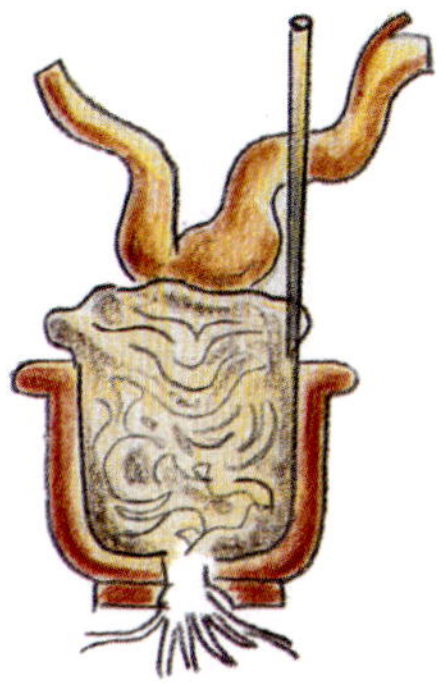

Las raíces asomarán debajo de la maceta a través del hoyo de drenaje. En estos casos colocar una vara clavada en el sustrato para no olvidar de su cambio en un momento posterior.

Momento del cambio del sustrato

El momento para la replantación o el cambio del sustrato es cuando comienzan a crecer las yemas de las hojas nuevas, es decir entre la segunda quincena de septiembre y la primera quincena de octubre (TJ durante todo el mes de abril).

Observar atentamente el crecimiento de las yemas para definir el momento de cambiar el sustrato.

Revisión de las raíces y recorte

Aprovechar el recambio del sustrato para observar el estado de las raíces, que no deben presentar plagas u otras anormalidades. En caso de existir alguno de esos problemas, habrá que tomar las medidas necesarias.

También se aprovechará la oportunidad para recortar las raíces, trabajo que se debe ir realizando a medida que crecen los árboles. Del mismo modo se recortarán las raíces principales (como se señala en el dibujo).

Corte de raíces según la edad

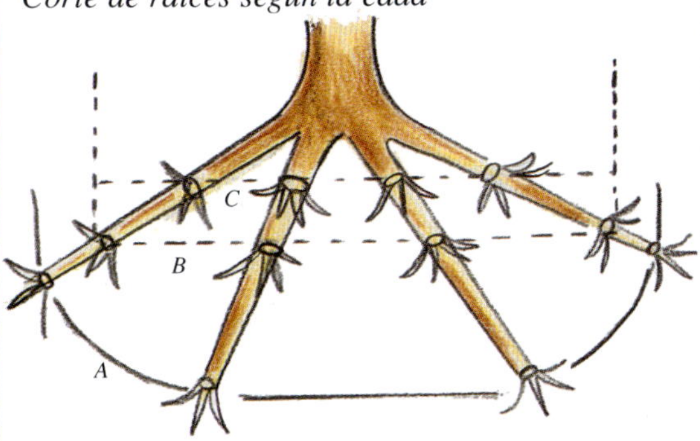

A medida que vayan pasando los años es conveniente ir acortando las raíces principales para controlar las ramas principales.

A) Largo de las raíces principales en la 1ª temporada.

B) Largo de las mismas en la 2ª temporada.

C) Largo de las mismas de la 4ª temporada en adelante.

Cambio de sustrato y corte de raíces

Para cambiar la maceta o el sustrato seguir las instrucciones del capítulo "Árboles adquiridos en vivero", salvo la cantidad de terrón que hay que eliminar, según se detalla a continuación.

A una conífera con más de diez años de vida se le quitará sólo un 40% del terrón. Si es más joven se podrá sacar hasta un 60%. En árboles de otras especies se eliminará más del 60%.

En todos los casos, cortar un 60% de las raíces inferiores dejando relativamente largas las raíces superiores. Cortar siempre la raíz principal "gorda" cerca de la base, dejando sólo unas cuantas raicillas. Cubrir el corte con pasta cicatrizante, excepto en coníferas y ficus. A partir del segundo cambio de sustrato se puede eliminar en agua con pincel 100% del terrón en cuanto a todas las plantas de conífera y KAEDE.

Tratamiento de raíces en el trasplante a la maceta de cultivo

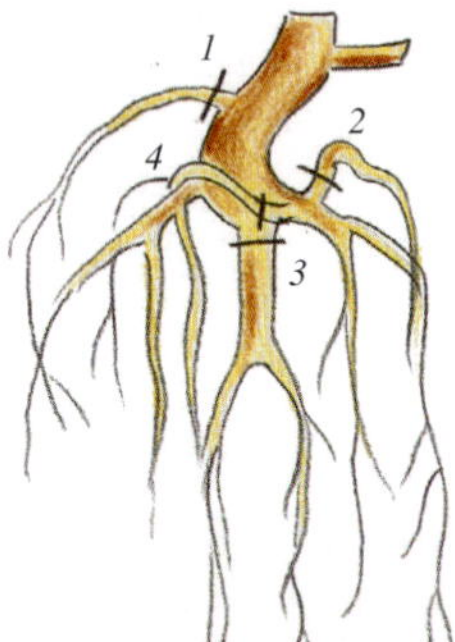

Corte de las raíces inútiles:

1. Raíz salida sobre el sustrato.
2. Raíz parada.
3. Raíz gorda.
4. Raíz enredada.

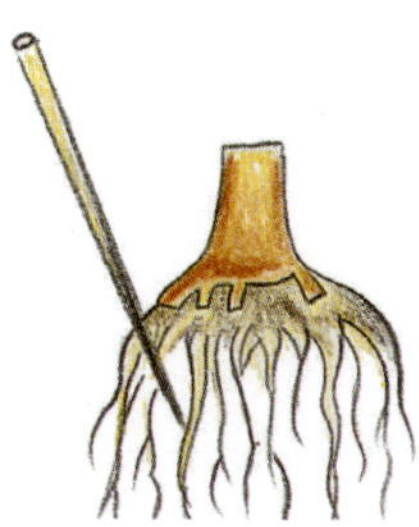

Seguidamente se cortan las raíces generales eliminando el terrón y soltando las raíces enredadas picando con un palo de punta delgada.

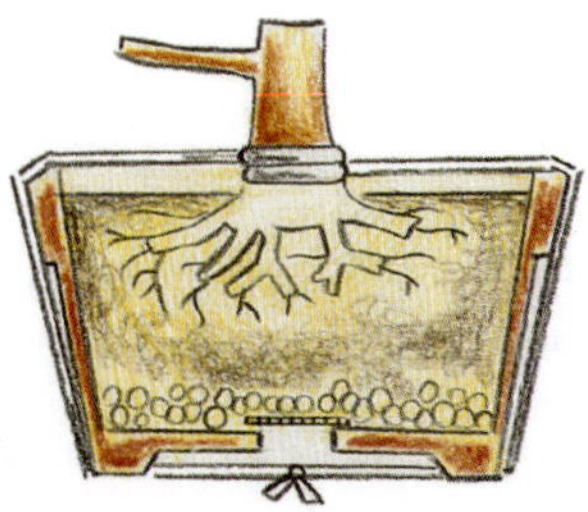

Cortar las raíces generales y plantar en una maceta de cultivo.

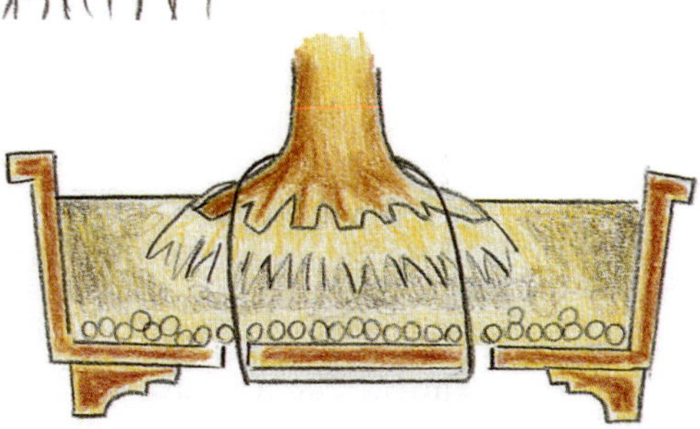

Después, sujetar la planta para inmovilizarla. En maceta de exhibición, dejar la base del tronco sin cubrir.

Replantación o cambio del sustrato

Después de agregar el sustrato de granos medianos sobre los granos gruesos, colocar el árbol con sus raíces extendidas, agregar un poco de sustrato de granos finos y atar la planta con alambres y pinchar el sustrato con palillos.

Golpear los lados de la maceta y agregar más sustrato de granos finos para que los granos del sustrato queden bien acomodados también entre las raíces. Finalmente cubrir la superficie alrededor de la planta con musgo esfagno en polvo; éste se va a multiplicar y a extender una vez arraigado.

Forma de colocar el árbol en maceta

Al colocar el árbol hay que recordar cuál era su posición, para no equivocar la "cara del árbol" si se la quiere mantener: es ésta la oportunidad para cambiar el ángulo de la inclinación o la posición del árbol, si se descubriera otro ángulo más atractivo para lucir la belleza del árbol. Finalmente, no olvidemos fijar el árbol con alambre como se explica en "Trasplante de árboles".

Riego y fertilización posterior

Sumergir la maceta en agua por dos minutos hasta el borde, junto con la mitad de hormona (ácido naftaleno alfa) indicada en el prospecto. Luego, regar con abundante agua hasta que ésta salga de los hoyos de desagüe.

Exponer la maceta inmediatamente al sol de la mañana durante dos semanas. Luego colocarla a sol pleno durante todo el día.

Comenzar a fertilizar después de veinte días, con poca cantidad de fertilizante.

Fertilización y fumigación

En principio seguir la guía que se explica en "Puntos claves del cuidado". Pero en el año en que no se cambia el sustrato, fertilizar una vez cada dos meses, entre octubre y mayo (TJ abril y noviembre) con tres o cuatro bolitas de fertilizante, en diferentes lugares cada vez.

Cuando se trasplante un árbol o se le cambie el sustrato por cualquier motivo, fertilizar recién después de veinte días, con poca cantidad de fertilizante.

Para fumigar como se ha recomendado en el capítulo "Puntos clave del cuidado", cubrir la maceta con paños de plástico para no ensuciarla, especialmente si es la maceta de exhibición.

Riego

Cada vez que se encuentre la superficie de color blancuzco, regar con bastante agua hasta que se escurra por el fondo de la maceta.

Depende del árbol y del lugar donde esté, hay diferencia en la frecuencia y la cantidad de agua que se necesita. Por lo tanto habrá que observar bien los árboles y regar en cada caso según la exigencia.

Poda

En principio, durante agosto y marzo (TJ durante marzo y octubre) podar las yemas o nuevas hojas vigorosas y las ramas indeseadas o demasiado crecidas, a fin de controlar el largo, la forma y la dirección del crecimiento de las ramas.

La poda también sirve para que las plantas reciban mayor cantidad de luz solar y mejorar la ventilación en general y de las ramas y hojas que están debajo. A mediados de mayo (TJ diciembre) podar sólo las ramas crecidas en exceso y/o con dirección equivocada y las ramas indeseadas.

Poda de mantenimiento

Cuando se poden las yemas en diciembre (TJ julio), las segundas yemas que salgan van a tener las hojas —a fines de marzo (TJ a principios de octubre)— de tamaño más chico y delicado.

Sobre las yemas que salen en lugares indeseados se debe aplicar constantemente el pinzado (poda a mano o con pinzas), apenas asomen.

Asimismo, se aplica a las latifolias y a algunas de las florales la técnica de defoliación (quita total o parcial de las hojas) una a tres veces durante la temporada, según la planta, con el propósito de hacer formar las nuevas hojas más diminutas.

Para dar al árbol una mejor figura, recortar las hojas demasiado crecidas a principios de marzo (TJ a principios de octubre). Entre mayo y octubre (TJ entre fines de octubre y fines de febrero) recortar las hojas de las yemas que no se han podado —por algún motivo— en diciembre anterior (TJ junio), para conservar la energía de las nuevas yemas en la siguiente temporada.

También acortar año tras año las ramas principales para mejorar la figura y que el árbol tenga la forma más compacta (como se señala en el dibujo).

Forma del recorte de las ramas principales

Igual que las raíces, recortar el largo de las ramas principales a medida que pasan los años.

Desde la primera temporada recortar las ramas para obtener un árbol compacto. Es una regla general que si se desea tener un mayor tamaño del árbol, se puede variar tanto el largo como el momento del corte según se estime conveniente.

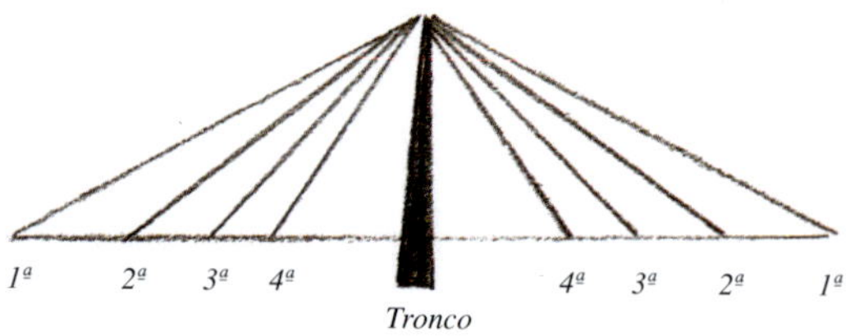

Cambio de la copa del árbol

El vigor del árbol de conífera y de latifolias se concentra en la parte superior del tronco, por lo que tiende a crecer más de lo deseado. Para solucionar esto, se podará la punta del árbol y se reemplazará por otra, como se describe a continuación. A principios de diciembre (TJ julio) podar la punta (crecida en la misma temporada) desde la base, para que crezcan las segundas yemas. A mediados de marzo (TJ a principios de noviembre), cuando se endurezcan las hojas de las segundas yemas, levantar con un alambre de 0,7 mm una de esas yemas en la punta, de este modo quedará reemplazada la punta eliminada.

En este caso habrá que tener cuidado de que la punta del alambre no quede mirando hacia el frente sino hacia atrás.

A mediados de julio (TJ mediados de febrero) se podarán las yemas (ya convertidas en ramas) alrededor. Así, a principios de diciembre (TJ julio) se tendrá la misma figura de la punta del tronco, manteniendo casi la misma altura que hace más de un año.

Cambio de la copa (ápice) del árbol para mantener su altura

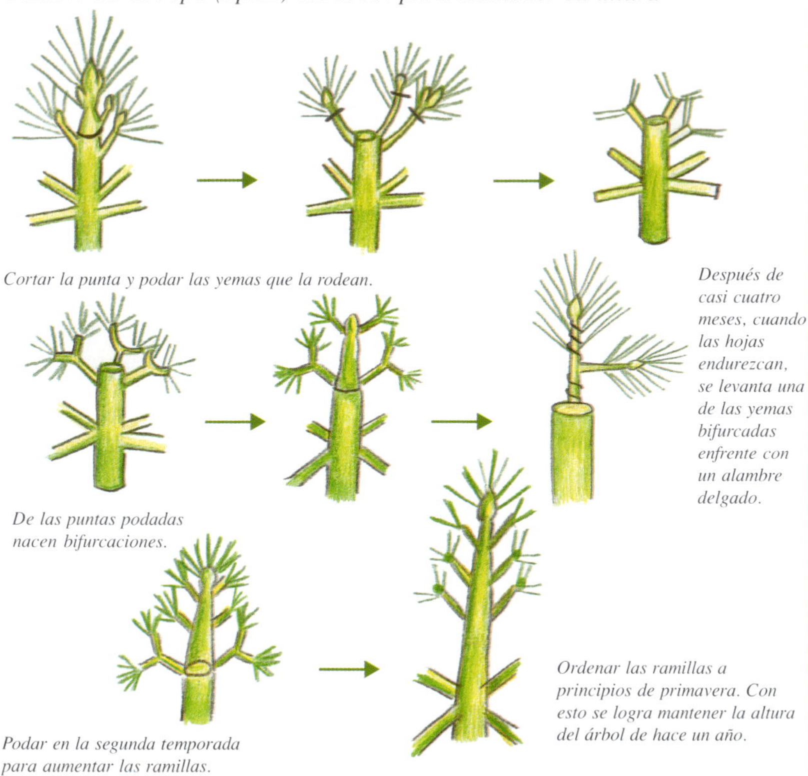

Cortar la punta y podar las yemas que la rodean.

Después de casi cuatro meses, cuando las hojas endurezcan, se levanta una de las yemas bifurcadas enfrente con un alambre delgado.

De las puntas podadas nacen bifurcaciones.

Podar en la segunda temporada para aumentar las ramillas.

Ordenar las ramillas a principios de primavera. Con esto se logra mantener la altura del árbol de hace un año.

Arreglo temprano de las ramas y yemas

En coníferas, sacar las hojas antiguas y cortar las ramas que puedan deformar la figura del árbol, a mediados de julio y agosto (TJ fines de febrero). Podar las ramas en esta época es especialmente útil para KAEDE (*Acer buergerianum*) y MOMIJI (*Acer palmatum*) ya que si se podaran las ramas más tarde, éstas perderían mucha savia y debilitarían el árbol. Tal fenómeno se puede evitar regando poco el día anterior a la poda.

Podar, entonces, las yemas de las hojas que salen hacia una dirección indeseada o aquellas que tengan la posibilidad de dar una forma indeseada dentro de las nuevas ramas.

Alambrado

Enrollar sólo los ramales del árbol para mantener la figura, en los momentos que indica el capítulo "Formación de los árboles".

En estas ocasiones se debe tener cuidado de no forzar demasiado las partes con el afán de dar forma rápidamente. Por el contrario, habrá que intentar dar la forma en dos momentos diferentes, ya que los árboles son muy sensibles y tienden a secarse si se los fuerza en exceso.

Se deben repetir los mismos cuidados todos los años.

Antes de alambrar

El alambrado se aplica para dar mejor aspecto al árbol. Ésta es la forma de aplicar el alambre en las ramas de coníferas.

Después de alambrar

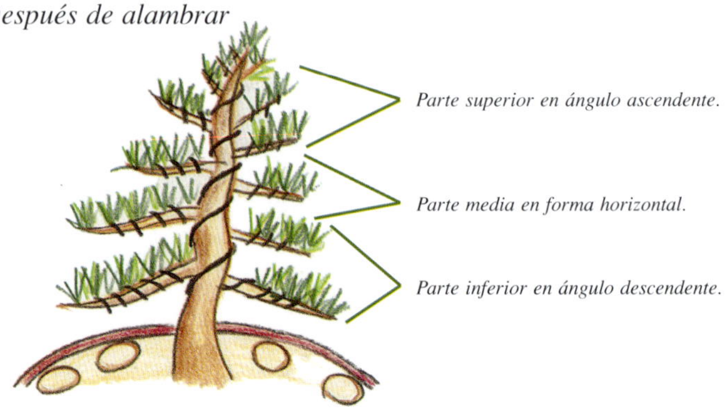

Derecha: MOMIJI *(Acer palmatum)*, bosque de triple tronco.

Capítulo 8

La salud del bonsai

Los bonsai sufren, como cualquier ejemplar, de diversas enfermedades y especialmente los daños causados por plagas. Para evitar esas enfermedades y sus consecuencias hay que estar muy atentos para prevenir estos contratiempos y mantener los ejemplares siempre sanos, ya que pueden verse afectados tanto el crecimiento como la buena formación de un bonsai.

Ezomatsu *(Picea esoensis).*

Himebara

Recuperación de la salud

Hay casos en que el bonsai pierde la salud sin que se reconozca un motivo específico.

Explicaremos los síntomas y sus soluciones.

Descomposición de las raíces

Síntoma: absorción lenta de agua

Si el riego de la mañana temprano deja la superficie del sustrato mojada hasta la tarde, indica —a no ser que no se haya cambiado la maceta por muchos años— que la planta no está absorbiendo a través de sus raíces debido a su mal estado de salud. Si no se actúa rápidamente, el árbol se secará en poco tiempo, ya que es muy probable que las raíces se encuentren en estado de descomposición.

Solución: sacar el árbol de la maceta y observar bien el estado de las raíces. Si se encontraran raíces en estado de descomposición habrá que eliminar hasta el nivel de raíz sana, cortando todas las raíces descompuestas desde la parte inferior. Cambiar el sustrato como hemos explicado en el párrafo referido al trasplante de árboles adquiridos en vivero.

Como se estará cambiando el sustrato fuera de época, habrá que hacerlo lo más rápido posible, de manera que el árbol no se seque por falta de agua. También hay que regar las raíces con bastante agua, para que resistan hasta que se termine el trabajo.

Después de la replantación, sumergir la maceta en agua por dos minutos hasta el borde, regar con abundante agua tanto las hojas como la maceta y colocar luego al sol. Regar durante unos diez días con abundante agua.

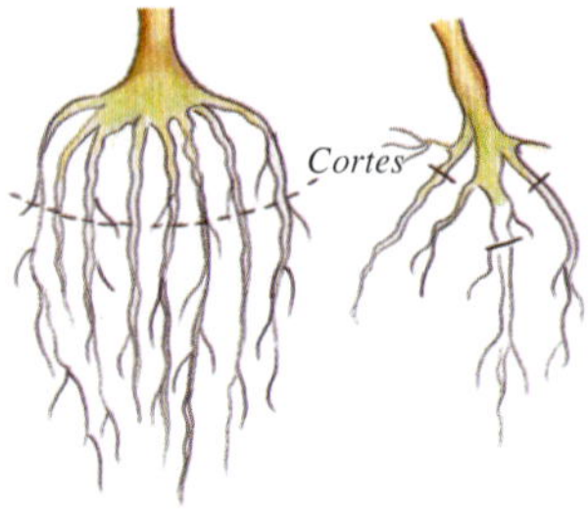

Tratamiento de raíces en descomposición

Si se presentan síntomas de descomposición en las raíces, retirar la planta de la maceta como para trasplantarla. Cortar las raíces largas y después observar si existen raíces anómalas. Si es así, cortar en la parte superior de la parte anormal.

Como es un corte de raíces en época inadecuada, hay que trabajar con rapidez para que no se seque la planta al trasplantarla.

Quemadura por fertilizante

Síntoma: absorción lenta de agua.

Muchas veces, con la intención de acelerar el crecimiento del árbol, se aplica fertilizante en exceso o en un momento inadecuado (demasiado temprano), lo que puede causar quemadura de raíces, produciéndose lo mencionado en el punto anterior. Por ejemplo, si se ha fertilizado un árbol recién trasplantado antes de que sus raíces hayan cicatrizado o si recibió demasiado fertilizante en la época de pleno desarrollo entre octubre y febrero (TJ abril y noviembre), se presenta el mismo fenómeno: se descomponen las raíces.

Solución: lo más adecuado sería tomar la misma medida que en el caso de la descomposición de raíces: sacar todo el terrón y usar un sustrato totalmente nuevo.

Quemadura de las hojas

Síntoma: quemadura de las hojas.

En otoño, cuando cae la escarcha sobre las hojas jóvenes que aún no están robustas, éstas se queman.

También se produce un fenómeno similar con los árboles del tipo Momiji (*Acer palmatum*) y Kaede (*Acer buergerianum*), cuando la temperatura en verano supera los 30 °C durante varios días.

Solución: este fenómeno no es una enfermedad y no afecta la vida del árbol. Por eso sólo es necesario guardar la maceta bajo semisombra o —si es una maceta grande y pesada— cubrirla (como un abrigo para todo el árbol) con una bolsa de plástico transparente, hasta la próxima primavera, sin dejar nunca de regar.

Para el caso de la quemadura producida por el sol, exponer la maceta al sol únicamente durante la mañana.

Pérdida de color

Síntoma: hojas descoloridas.

Las hojas pierden el color fuerte propio del árbol.

Solución: este fenómeno se presenta cuando las hojas no reciben suficiente sol. Se soluciona colocando la maceta en un lugar donde reciba más luz solar. Regar con abundante agua.

Cáncer de raíces de los árboles de rosáceas

Síntoma: aparición de tumores.

Se forman tumores llamados nematodo, principalmente en las raíces de los árboles de la familia Rosácea con espinas, incluyendo PIRAKANSA (*Pyracantha coccinea*). También puede presentarse en el ombú (*Phytolacca dioica*, argentina).

Solución: el primer síntoma es que las hojas comienzan a crecer lentamente perdiendo el brillo y el color de las hojas. Cada vez que se trasplantan estos árboles a principios de la primavera, se deben revisar las raíces para ver si no tienen tumores.

En el caso de encontrarlos habrá que quitar todo el sustrato y lavar muy bien con agua todas las raíces. Calentar luego las tijeras con fuego y cortar las raíces afectadas desde lo más cerca de la base posible. Después se sumergirán en un recipiente con agua y nematicida (de acuerdo con las indicaciones del producto). Al terminar, pasar nuevamente por fuego las tijeras para desinfectarlas.

Después, trasplantar en una maceta limpia con sustrato nuevo, mezclado con nematicida (para prevenir la reaparición).

Es imprescindible deshacernos tanto de las raíces cortadas como del sustrato afectado, para que no quede nada en el área del cultivo, así se evitará la propagación a otros árboles de especies similares.

También habrá que limpiar la maceta desocupada con desinfectante, y secarla al sol durante una semana antes de volver a usarla para cualquier otro árbol.

Como no hay garantía de que no vuelvan a formarse los tumores en el mismo árbol, es necesario revisar las raíces en la primavera siguiente.

Nota importante: el nematicida es una sustancia química muy tóxica y peligrosa, por lo tanto utilice sin falta los guantes de goma para proteger las manos y máscara para no inhalar.

Tratamiento de cáncer de rosáceas

Cuando se presentan algunos síntomas que hacen dudar de la posibilidad de cáncer, esperar hasta mediados del otoño para evitar reaparición en un corto plazo.
Al encontrar tumores en las raíces, primero hay que eliminar todo el terrón lavando con agua. Luego, cortar las raíces largas y revisar atentamente las otras. Cortar todas las raíces en el punto lo más alejado posible de los tumores

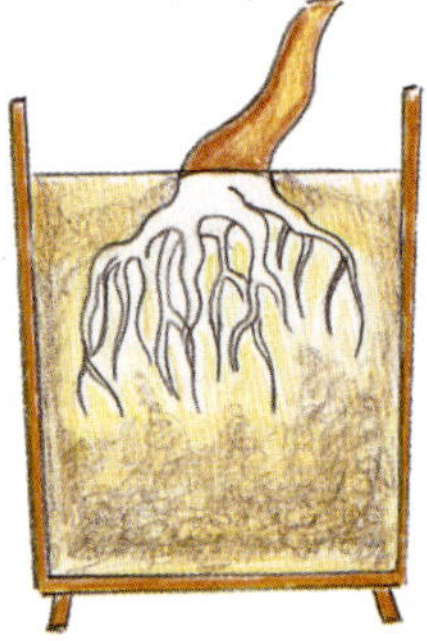

Una vez finalizada la eliminación de las raíces enfermas, sumergir las raíces restantes en agua con nematicida.

Después de la inmersión en agua, plantar el árbol en otra maceta con sustrato nuevo. Sujetar la planta con una soga ya que a la planta le faltan las raíces contra los vientos y otros movimientos.

Derrame de savia

Síntoma: savia que se derrama sin parar.

Cuando se comete el error de podar las ramas de los árboles KAEDE (*Acer buergerianum*) y MOMIJI (*Acer palmatum*) fuera de época, mediados de julio (TJ fines de febrero), derraman mucha savia sin parar. Si no se le presta atención, el árbol perderá su fuerza y no podrá recuperarla en mucho tiempo.

Si bien no se trata estrictamente de una enfermedad, explicaremos el fenómeno, ya que no es fácil encontrar una rápida solución.

Solución: la única forma de parar el derrame es sacar el árbol de la maceta y recortar como mínimo 1 cm las raíces que rodean el terrón. Luego se volverá a plantar en la maceta.

Cuando se desee podar las ramas en algún momento fuera de época, no en julio (TJ a fines de febrero), habrá que regar poco el día anterior para prevenir el derrame de savia o colocar un poco de pegamento instantáneo en el corte.

MOMIJI *(Acer palmatum).*

CAPÍTULO 9

COMBINACIÓN DE MACETAS

Combinar una maceta con su árbol y más aun, con el estilo del árbol, es un arte que busca que todo el conjunto produzca la mejor imagen estética posible, un factor muy importante para dar una buena impresión al espectador. En los concursos de bonsai hay ejemplares espectaculares que pierden su premio simplemente por la combinación poco adecuada de la maceta con su estilo.

SANZASHI *(Crataeus oxiacantha).*

SHINPAKU (*Juniperus sargentii*).

Concepto general

La combinación entre un árbol (su figura) y la maceta es uno de los factores más importantes, tanto para el desarrollo del árbol como para la apreciación artística de la obra.

El objetivo del bonsai es la belleza creativa, entonces la combinación del árbol y la maceta es un tema que no se debe ignorar.

Como es sabido, en Japón se ha desarrollado también el excelente arte de la cerámica y la porcelana, por lo tanto hay diferentes tipos de macetas para bonsai.

Sin embargo el SHOUHAKU BONSAI (bonsai de coníferas) y el de latifolias, que son monocolor, se combinan principalmente con una maceta de barro sin dibujos ni color.

En cambio los bonsai de florales y frutales se combinan mucho con macetas dibujadas y coloreadas, aunque hay que saber bien cómo combinar los colores (la maceta con los colores de las flores o de las hojas del árbol), manteniendo siempre nobleza y buen gusto. Éste es un tema bastante subjetivo y difícil de sugerir.

En este sentido nos limitaremos a recomendar la combinación física de los árboles y las macetas desde el punto de vista estético tradicional.

Macetas de cerámica fabricadas con moldes.

Macetas de cerámica realizadas en forma artesanal.

Combinación sugerida

Ya se habrá visto que el bonsai tiene mucha variedad de estilos. Explicaremos ahora que hay ciertas combinaciones adecuadas entre la forma del árbol y la de la maceta.

Las diferentes combinaciones

Estilos	Tipos de macetas
Chokkan (tronco recto)	Una maceta rectangular con suficiente espacio no muy profunda.
Moyougi (tronco dibujado) Shakan (tronco inclinado)	Una maceta en forma rectangular u ovalada no muy profunda.
Bunjingi (literato)	Una pequeña maceta de color oscuro, redonda u ovalada, poco profunda, con suficiente espacio alrededor del tronco.
Kengai (cascada) Hankengai (media cascada)	Una maceta cuadrada o redonda bastante profunda, que exprese estabilidad.
Ishitsuki (tronco en roca)	Una maceta poco profunda que sea amplia con respecto a la roca o a la lámina de piedra natural.
Neagari (raíces aéreas)	Una maceta rectangular u ovalada no muy honda.
Fukinagashi (azotado por viento)	Una maceta de color oscuro rectangular u ovalada, poco profunda y no muy amplia. El tronco ubicado en el rincón de barlovento, a favor del viento.
Soukan (tronco doble)	Una maceta rectangular u ovalada poco profunda.
Yoseue (bosque)	Una maceta de color oscuro, ovalada, poco profunda y amplia.
Takan o Kabutachi (múltiple tronco) Netsuranari (reptante) Ikadafuki (balsa)	Una maceta de color oscuro rectangular u ovalada, bien amplia, poco profunda, combina también con una lámina de piedra natural.

Al colocar el árbol o los árboles, no debe hacerse en el centro de la maceta, sino un poco desplazado hacia el costado contrario al de la inclinación del tronco o hacia el costado de la primera rama corta, dejando a la vez un poco más de espacio en el lado del frente.

Las indicaciones arriba referidas son los criterios tradicionales. Buscar una combinación propia de las macetas con sus árboles es también un desafío muy entretenido para crear en el arte del bonsai.

KUCHINASHI, gardenia con frutos.

Exhibición

Finalmente, deseamos sugerir unos puntos básicos para exhibir una obra de bonsai.

1.Tener podadas las ramas crecidas en exceso (TOCHOU-EDA).

2. Tener podada la punta seca de las hojas.

3. Dejar el suelo limpio y sin hierbas. Los musgos deben estar no muy crecidos dejando ver la formación de raíces si el árbol las tiene a la vista.

4. Usar una maceta no muy grande, sino más bien chica en relación con el tamaño del árbol.

5. Mantener la maceta limpia y sin manchas.

6. La belleza de los árboles, especialmente los de latifolias, se luce también en invierno cuando el árbol está sólo con las ramas y sin hojas. Por lo tanto hay que cuidarlas, tratando de lograr una conformación delicada, tanto de las hojas como de sus ramas y ramales.

SAKURA (cerezo) en TOKONOMA.

Si el local de exhibición lo permite, se podrá exhibir la obra acompañada de dos o tres objetos, colocándolos a cierta distancia para formar un triángulo escaleno. Éstos pueden ser: otra obra pequeña de KUSAMONO *bonsai* (bonsai herbáceo) que exprese la estación del año y/o SUISEKI (contemplación de la belleza de una piedra natural: su forma, su color, su figura sugestiva, etc). O también un KAKEJIKU (un cuadro colgante de una pintura japonesa) para crear un ambiente artístico adecuado (TOKONOMA).

Para exhibir las obras que hemos cuidado con cariño no se deben escatimar esfuerzos, a fin de resaltar su belleza ante el público.

Pyracantha en TOKONOMA sobre DAI de madera.

Capítulo 10

CUIDADOS ESPECÍFICOS DE ALGUNOS BONSAI

En estas páginas se presentan fichas con información técnica de cada planta a la que nos hemos referido en este libro, junto con los cuidados específicos de cada especie que no fueron detallados en las explicaciones generales de los capítulos precedentes. Esperamos que descubra las características de cada árbol y que disfrute de la creación y del cuidado de su bonsai.

Aspecto de MOMIJI en invierno, con la raíz bien desarrollada.

Azalea

Informaciones adicionales por árbol

En este capítulo resumiremos algunas informaciones adicionales de cada planta, no incluidas en las descripciones generales en los capítulos precedentes.

Fichas de plantas

Coníferas	Latifolias	Florales y frutales
Chabohiba, *Chamaecyparis obtusa nana*	Arrayán, *Myrceugenella apiculata*	Aljaba, *Fuchsia magellanica*
Ichii, *Taxus baccata*	Gajumaru, *Ficus retusa*	Kaido, manzano de flor
Itosugi, *Cupressus pyramidalis*	Sanzashi, *Crataegus oxyacantha*	Choujubai-Kusa Boke, (*Chaenomeles lagenaria, Cydonia japonica*)
Karamatsu, *Taxodium*	Ibota, *Ligustrum sinense*	Fuyi, glicina
Konotegashiwa, *Thuja orientalis*	Ichou, *Ginkgo biloba*	Niwaume, *Prunus japonica variegata multiplex*
Kuromatsu, *Pinus thunbergii*	Inutsuge, *Buxus sempervirens*	Pirakansa, *Pyracantha coccinea*
Myugomatsu, *Pinus mugo mughus*	Kaede, *Acer buergerianum*	Satsuki/Tsutsuji, azalea
Shinpaku, *Juniperus chinensis sabina*	Momiji, *Acer palmatum*	Sharinbai, *Raphiolepis*
Sugi, *Cryptomeria umbellata*	Ombú, *Phytolacca dioica*	Tsubaki, camelia
Sonare, *Juniperus procumbena nana*	Palo borracho, *Chorisia insignis*	Zakuro, *Punica granatum*

CHABOHIBA

(*Chamaecyparis obtusa nana*)

Características: tiene las hojas muy diminutas y delicadas, que se prestan para crear una miniatura de un árbol gigante con aspecto de muchos años de vida.

Métodos principales de multiplicación: esqueje y acodo aéreo.

Trasplante: septiembre a diciembre.

Fertilización: fertilizar en la primavera con elementos inorgánicos (nitro fosca) y en el otoño con los orgánicos (bolitas de soja con huesos o pescado). Durante la época de desarrollo de la planta, aplicar cada mes la mitad de dosis del fertilizante foliar.

Fumigación: a principios del verano aplicar una mezcla de fungicida e insecticida (acaricida).

Poda: en septiembre, noviembre, diciembre o abril de cada año. No debe faltar nunca el riego.

Estilos adecuados: CHOKKAN, ISHITSUKI, MOYOUGI, SHAKAN, SOUKAN, YOSEUE.

Ichii (tejo)

(*Taxus baccata*)

Características: es muy apreciada por la belleza de sus hojas diminutas. Es además una de las plantas de conífera más dóciles y fáciles de colocar los alambres para dar la forma deseada. Resiste mucho, tanto el calor como el frío. Crecen sus raíces muy rápido, son tupidas y gruesas y hay que cortarlas cada año y medio a más tardar.

Métodos principales de multiplicación: esqueje y acodo.

Esqueje: Usar las copas que hayan recibido abundante luz solar y que no tengan rastros de los ataques de fumagina. Preparación anticipada del esqueje a principios de julio o a principios de agosto.

Trasplante: trasplantar a una maceta en octubre.

Fertilización: foliar con nitro fosca foliar y nitrato de potasio en forma intercalada en noviembre, febrero, marzo, abril y octubre de la siguiente temporada; con bolitas de soja en agosto de la segunda temporada y febrero de la tercera temporada.

Fumigación: según norma común.

Poda: a fines del otoño; pinzado desde septiembre hasta enero, todos los meses de cada temporada.

Nota: las hojas, de color verde oscuro, tienden a crecer muy largas. Podar y pinzar durante la primavera y hasta mediados del verano para obtener posteriormente las hojas más cortas. El pinzado hace crecer dobles yemas en la base, las cuales hacen formar hojas más cortas y densas. No dejar crecer demasiado las ramas durante el verano.

Estilos adecuados: Bunjingi, Chokkan, Fukinagashi, Hankengai, Houkitsukuri, Ishitsuki, Ikadafuki, Kengai, Moyougi, Shakan, Kabutachi, Netsuranari, Soukan.

ITOSUGI (ciprés)

(*Cupressus pyramidalis*)

Características: es fácil de cultivar. No exige la calidad de sustrato pero prefiere el sustrato ligeramente alcalino, que tenga característica de buen desagüe y contenga el agua. Esta condición la ofrece sólo la lava volcánica o minileca.

Métodos principales de multiplicación: siembra y acodo.

Trasplante: al principio de agosto. Se consiguen fácilmente buenos ejemplares en cualquier vivero. Usar plantas con 40 mm de diámetro en su cuello (base del tronco), que deben tener alrededor de cinco años. No utilizar plantas recién plantadas en la maceta de vivero sino con un mínimo de seis meses de anticipación. Al trasplantarlas en la maceta propia, podar un máximo de 50% del largo del tronco (dejando una o dos ramas vivas) y las ramas para adecuar su tamaño al bonsai.

Ubicación: en pleno sol, después de tenerlas durante dos semanas en media sombra.

Fertilización: foliar en octubre, noviembre y marzo/abril de la siguiente temporada. Fertilización inorgánica en diciembre de cada año; bolitas de soja en noviembre de cada año.

Fumigación: mezcla de fungicida e insecticida (acaricida) en diciembre de cada año.

Poda: en agosto y abril de cada año. El pinzado se hará cada dos meses, desde noviembre hasta marzo.

Estilos adecuados: BUNJINGI, CHOKKAN, FUKINAGASHI, HANKENGAI, ISHITSUKI, IKADAFUKI, MOYOGUI, NEAGARI, SHAKAN, KABUTACHI, NETSURANARI, SOUKAN, YOSEUE.

Karamatsu (ciprés calvo)

(*Taxodium*)

Características: es fácil de cultivar, pero no debe faltarle agua. Cuando no queda nadie que riegue durante unos días, colocar la maceta dentro de un recipiente con agua para que no le falte el agua nunca.

Método principal de multiplicación: esqueje, siembra y acodo.

Trasplante: en septiembre.

Fertilización: fertilizar con mayor frecuencia que otras plantas pero no exceder su volumen: comenzar con fertilizante orgánico a partir de los treinta días del trasplante. Continuar la fertilización en los primeros días de diciembre, enero, fines de marzo, mediados de agosto, fines de octubre / noviembre, diciembre de la segunda temporada. Luego, a fines de enero, febrero, abril, a mediados de agosto, fines de septiembre, noviembre y diciembre de la tercera temporada.

Fumigación: a mediados de cada temporada con fungicida e insecticida.

Poda: a fines de febrero, marzo, a mediados de septiembre y noviembre de la segunda temporada; a principios de enero, marzo, septiembre, a mediados de octubre y a fines de diciembre de la tercera temporada; el pinzado de yemas y hojas constantemente, desde septiembre hasta abril.

Alambrado: en abril y mayo por tres meses como máximo, ya que se engrosan muy rápidamente tanto el tronco como las ramas.

Trasplante: cada dos temporadas.

Estilos adecuados: Chokkan, Bunjingi, Ishitsuki, Hankengai, Houkitsukuri, Moyougi, Shakan, Soukan, Ikadafuki, Netsuranari, Yoseue.

KONOTEGASHIWA

(*Thuja orientalis*)

Características: es una planta muy común y es económica, se puede adquirir en cualquier vivero. Es muy resistente y es difícil que se enferme. Resiste también a la poda, inclusive en sus raíces, y se adapta a cualquier tipo de suelo. Esto hace sentir tranquilos a los principiantes del bonsai para comenzar su aprendizaje.

Métodos principales de multiplicación: esqueje y siembra.

Esqueje: cuando se trasplanta el esqueje a una maceta de cultivo, se puede usar como sustrato, lava volcánica o minileca sola sin nada de tierra común, siempre que se riegue constantemente con abundante agua. Trasplantar a los veinticuatro meses.

Fertilización: foliar en marzo y diciembre de todos los años; fertilización inorgánica, en septiembre de la segunda temporada y en marzo de la tercera temporada; bolitas de soja, cada tres meses.

Fumigación: acaricida y fungicida en cada noviembre.

Poda: a principio de septiembre y marzo de cada año. Pinzado casi todos los meses durante la temporada de primavera a otoño, excepto la época del frío.

Estilos adecuados: BUNJINGI, CHOKKAN, FUKINAGASHI, ISHITSUKI, MOYOUGI, NEAGARI, SHAKAN, SOUKAN, YOSEUE.

KUROMATSU (Pino negro japonés)

(*Pinus thunbergii*)

Origen: Japón.

Características: es el símbolo del bonsai y el más popular no sólo entre los bonsaístas sino en el pueblo japonés en general. Esto es porque tiene un gran significado en la religión tradicional japonesa, SINTOÍSMO, y es un adorno sagrado por su longevidad. También forma parte importante de la belleza del paisaje del país. KUROMATSU se encuentra tan dañada por los insectos invasores del exterior que está cambiando la fitogeografía de Japón. En cambio los descendientes de esta especie cultivada en la Argentina siguen sin daño y es probable que las nuestras puedan salvar en un futuro la situación

Métodos principales de multiplicación: siembra y acodo aéreo.

Siembra: colectar las semillas en otoño y conservarlas en heladera hasta la primavera (véase Capítulo 3). Sembrar a principios de agosto en almácigo o en un vaso de telgopor. La germinación se produce dentro de los veinte días. Trasplantar a la maceta independiente en septiembre de la siguiente temporada. Para obtener una mejor planta se podría esquejar el mismo plantín en otro almácigo o maceta a los treinta días posteriores, para cuidar durante otra temporada más antes de plantarla en la maceta de cultivo definitivo.

Fertilización: aplicar fertilizante orgánico (bolitas de soja) en febrero, marzo y septiembre; fertilizante inorgánico en noviembre de cada año, a partir de la segunda temporada.

Fumigación: cuando germina la semilla, fumigar inmediatamente con Captan 0,2% o Almacigor para prevenir moho; fungicida e insecticida a mediados de noviembre de cada año. Cambio de sustrato, cada dos años hasta cumplir el sexto año.

Poda: se puede aplicar poda temprana si la planta es muy vigorosa; si no, se la esperará hasta mediados de diciembre.

Estilos adecuados: BUNJINGI, CHOKKAN, MOYOUGI, HANKENGAI.

MYUGOMATSU

(*Pinus mugo mughus*)

Características: entre una enorme variedad de la familia de *Pinus*, *Mugo mughus* es uno de los pinos más adaptables para el bonsai, ya que presenta hojas muy cortas y un follaje muy denso, que se presta mucho para la formación hermosa del bonsai. Es una planta muy tolerante al calor y al frío a la vez. La mayoría de los *pinus* conocidos en el mundo es originaria de los Alpes europeos. Entre ellos se encuentran los pinos "mugo hesse" y "mugo hempy", que tienen las hojas muy cortas, de un largo de entre 10 y 30 mm. También existe el llamado "winter gold", con hojas de color dorado. En la Argentina se encuentran principalmente las especies *P. mugo mughus* y *P. mugo pumilio*. Las dos son aptas para convertir en bonsai.

Métodos principales de multiplicación: siembra, injerto y acodo aéreo.

Siembra: sembrar a principios de agosto. La germinación se produce dentro de los veinte días. Trasplantar en septiembre de la siguiente temporada.

Trasplante: en marzo de la tercera temporada, colocar en la maceta.

Fertilización: foliar inorgánico, en abril a los treinta días de la germinación; bolitas de soja en agosto de la segunda temporada y abril de la tercera temporada; el inorgánico, en octubre de la segunda temporada y agosto de la tercera temporada.

Fumigación: primera fumigación, una vez que germine, con Captan 0,2% o Almacigor para prevenir moho y hongos.

Poda: de yemas y ramas, en julio, agosto y octubre, noviembre; pinzado de yemas indeseadas en todos los meses excepto entre abril y julio.

Alambrado: en agosto y septiembre.

Estilos adecuados: BUNJINGI, CHOKKAN, FUKINAGASHI, HANKENGAI, ISHITSUKI, KENGAI, MOYOGUI, NEAGARI, SHAKAN, IKADAFUKI, KABUTACHI, NETSURANARI, SOUKAN, YOSEUE.

SHINPAKU (enebro)

(*Juniperus chinensis sabina*)

Características: es una variedad de la especie *Juniperus chinensis*. Es una de las plantas más populares en el mundo del bonsai. En Japón se usa principalmente una variedad llamada "sargentii". *Sabina* es la variedad más parecida a aquélla en la Argentina.

Métodos principales de multiplicación: esqueje e injerto.

Esqueje: aplicar entre mediados de agosto y mediados de octubre. Buscar tallos con hojas sanas de la temporada anterior. El acodo aéreo (*ver capítulo*) también es aplicable. La multiplicación por siembra no es recomendable. Trasplantar dentro de los veinticuatro meses.

Fertilización: fertilizante orgánico, en marzo, julio y noviembre; inorgánico, en agosto y octubre.

Fumigación: aplicar normas comunes.

Poda: de yemas y ramas, julio, agosto y octubre, noviembre de la segunda temporada en adelante; pinzado de yemas indeseadas, todos los meses excepto entre abril y julio.

Alambrado: agosto y septiembre.

Estilos adecuados: BUNJINGI, CHOKKAN, FUKINAGASHI, HANKENGAI, HOUKITSUKURI, ISHITSUKI, KENGAI, MOYOGUI, NEAGARI, SHAKAN, IKADAFUKI, KABUTACHI, NETSURANARI, SOUKAN, YOSEUE.

SUGI

(*Cryptomeria*)

Características: es una planta bastante fuerte para cuidar. La forma más segura es adquirirla en un vivero.

Métodos principales de multiplicación: siembra y acodo aéreo.

Transformación: buscar una planta sana con follaje de color verde uniforme. Que tenga envueltas sus raíces del mismo sustrato por más de un año y no adquirir jamás una planta a la que le haya sido cambiado el sustrato en menos de seis meses. La época ideal es el principio de septiembre.

Usar sustrato de muy buen desagüe pero que retenga la humedad. Es propenso al pudrimiento de las raíces cuando el sustrato no tiene buen drenaje del agua. Podar más de 50% del largo del tronco y las ramas y más de 60% del largo de las raíces antes del trasplante.

Fertilización: fertilizante foliar orgánico en octubre y enero, marzo de la segunda temporada, intercalando el inorgánico y el orgánico respectivamente; bolitas de soja en abril y agosto; inorgánico en octubre; bolitas de soja en febrero, abril de la tercera temporada; el foliar inorgánico en noviembre.

Atención especial: que no falte nunca agua.

Fumigación: mezcla de fungicida e insecticida en julio de cada año; insecticida, en octubre de cada año.

Poda: en agosto, noviembre y febrero de cada año; pinzado, cada dos meses durante la temporada. Pinzado de yemas indeseadas, todos los meses excepto entre abril y julio.

Estilos adecuados: BUNJINGI, CHOKKAN, ISHITSUKI, NEAGARI, SHAKAN, IKADAFUKI, NETSURANARI, SOUKAN, YOSEUE.

SONARE

(*Juniperus procumbens nana*)

Origen: Europa norte y centro.

Características: es una planta fácil de cultivar por ser muy fuerte. Tiene tronco muy irregular en su forma y crece horizontalmente y no hacia arriba como otras plantas de conífera. En Japón crece sola sin cuidado de la gente en la zona arenosa cerca de la playa del mar. El nombre japonés de SONARE proviene del concepto, ISO-NARE (acostumbrada a la playa del mar) y es muy fuerte contra el viento salado. El sustrato debe ser de muy buen desagüe y se cambia cada 2 años durante 15 años y después cada 5 años. Es una especie de sotobosque de KUROMATSU (*pino thumbergii*) y como su variante hay *Juniperus horizontalis postrata* cuyo tronco crece un poco más hacia arriba y luego horizontalmente con sus hojas un poco más duras y agudas.

Método principal de multiplicación: esqueje.

Esqueje: la época adecuada para esquejar es a fines del invierno. Enraiza dentro de los 2 meses. Proteger del frío durante unas dos semanas y después sacarlo al sol todo el día. No hace falta un cuidado especial sino los normales.

Fertilización: nitrofosca azul, una sola vez con poca cantidad en la primavera. Fertilizante orgánico en el otoño. Fertilizante foliar cada quince días o cada mes desde la primavera hasta el fin del otoño.

Fumigación: polisulfuro de calcio (80 cm^3 por litro de agua) a principios y al fin del invierno.

Poda y pinzado: desde la primavera hasta el otoño, pinzar las yemas nuevas cada dos semanas para mantener bien el follaje. Podar las ramas indeseadas al final del invierno.

Estilos adecuados: FUKINAGASHI, HANKENGAI, KENGAI, MOYOUGI.

ARRAYÁN

(*Myrceugenella apiculata*)

Origen: Argentina.

Características: crece a la orilla de los lagos de la cordillera de los Andes del sur. Es bien conocido el bosque de arrayanes en la isla Victoria del lago Nahuel Huapi, en San Carlos de Bariloche. Hay dos tipos: mirto (*Myrtus communis*) y patagua (*Myrceugenia pitra*). Los dos son de la misma familia (Mirtáceas) y ambos son adaptables para el bonsai.

Tanto la corteza especial, como las hojas minúsculas perennes brillosas y sus flores, en el verano, poseen una belleza singular; mirto tiene las hojas y las flores un poco mayores; patagua tiene su belleza en el cuello (la base del tronco) formando las raíces espectaculares y es recomendable plantarla en una maceta de poca profundidad (menor de 30 mm), de tipo bandeja.

Métodos principales de multiplicación: esqueje, acodo aéreo y siembra.

Esqueje: a mediados de julio preparar los esquejes y mantenerlos en un refrigerador durante dos semanas, antes de esquejar a principios de agosto. Trasplantar a la maceta individual en agosto de la siguiente temporada.

Fertilización: foliar en octubre, noviembre y diciembre intercalando fertilizantes de nitrofosca foliar y de nitrato de potasio. A partir de la segunda temporada, se repiten con bolitas de soja en septiembre, el foliar en noviembre, enero y marzo de cada año, intercalando fertilizantes de nitrofosca foliar y de nitrato de potasio.

Fumigación: mezcla de fungicida e insecticida a fines de cada octubre.

Riego: siempre con abundante agua.

Poda: febrero, marzo, octubre de cada año.

Alambrado: septiembre y abril de la segunda temporada en adelante.

Cambio de sustrato: cada dos años.

Estilos adecuados: BUNJINGI, HANKENGAI, ISHITSUKI, KENGAI, MOYOUGI, NEAGARI, KABUTACHI, IKADAFUKI, NENTSURANARI, SOUKAN.

GAJUMARU

(*Ficus retusa*)

Origen: Japón

Características: es una planta típica de la isla de Okinawa, al sur de Japón, con un clima semi tropical durante todo el año. Es muy fuerte, dócil y fácil de convertirla en bonsai.

Métodos principales de multiplicación: esqueje y acodo aéreo.

Acodo aéreo: el tallo a acodar debe tener entre 20 y 80 mm de diámetro. Aplicar acodo aéreo en diciembre (principio de verano). Preparar la planta a acodar, con un mes de anticipación, aplicándole fumigación contra fumagina y fertilización foliar una vez cada semana intercalando el nitrato de potasio foliar y nitrofosca foliar. Trasplantar después de unos cuarenta días. Sacar todos los musgos enredados en las raíces bajo el agua. Ubicar la maceta al sol directo inmediatamente.

Fertilización: aplicar fertilizante foliar, intercalando el orgánico y el inorgánico, cada mes, durante un año y medio excepto la época de frío. Posteriormente se le abonan bolitas de soja cada dos meses pero en poca cantidad.

Fumigación: según normas comunes.

Poda: aplicar la poda y pinzado cada enero únicamente.

Defoliación: en noviembre o diciembre de cada año.

Cambio de sustrato: cada año en octubre.

Estilos adecuados: HANKENGAI, HOUKITSUKURI, ISHITSUKI, NEAGARI, IKADAFUKI, KABUTACHI, NETSURANARI, YOSEUE.

SANZASHI (*Crataegus*)

(*Crataegus oxyacantha*)

Origen: universal.

Característica: posee espinas muy agresivas. Los hay de flor blanca, rosada, roja, etc. Para bonsai se prefieren rosadas o rojas. Aunque se injertan sobre la variedad de flor blanca, que es más fuerte.

Métodos de multiplicación: el injerto es el método más popular (en julio), pero puede también esquejarse. No acodar. El injerto se debe dejar 15 días en semisombra, con abundante agua una vez al día. Hacia fines de octubre comenzarán a verse brotes nuevos.

Fertilización: se usa al principio un mes y medio después de injertado, y una vez al mes, desde noviembre hasta mayo, espolvoreando soja texturizada sobre la superficie de la maceta, a razón de 1 cucharadita de café por litro de volumen de maceta. Regar abundantemente.

Fumigación: principalmente contra la mosca blanca, con polisulfuro de calcio hacia el fin del invierno, y con Aplaud (ovicida de mosca blanca) en diciembre o enero.

Poda: no podar el primer año. Dejar crecer libremente para que el árbol acumule energía. Desde el segundo año en adelante se poda cuando caen las hojas, podando drásticamente y dejando solo dos o tres nudos de cada rama. Es buen momento también para alambrar.

Estilos adecuados: MOYOGUI, SHAKAN, KENGAI.

IBOTA (ligustrina)

(*Ligustrum sinense*)

Origen: China.

Características: es una planta muy fuerte y crece rápidamente. Se ha diseminado mucho en el centro y norte de la Argentina y muchos usan la planta para formar cerco alrededor de la casa. Los frutos son favoritos de variados pájaros silvestres, que han contribuido a su rápida y amplia propagación.

Método de multiplicación: siembra, esqueje y acodo aéreo.

Acodo aéreo: aplicar a plantas en el jardín de casa en febrero con abundante follaje, aunque se puede aplicar toda la temporada excepto en invierno. Aplicar acodo en febrero; separación y trasplante a mediados de octubre.

Fertilización: con fertilizante foliar en enero y marzo de la siguiente temporada y bolitas de soja cada tres meses excepto durante el invierno.

Fumigación: insecticida a fines de noviembre y mediados de febrero de la siguiente temporada; acaricida y oruguicida, en diciembre o enero.

Poda: en septiembre y noviembre.

Cambio de sustrato: cada año en la primavera.

Estilos adecuados: HOUKITSUKURI, ISHITSUKI, KENGAI, NEAGARI, IKADAFUKI, KABUTACHI, NETSURANARI, YOSEUE.

ICHOU

(*Ginkgo biloba*)

Origen: China y Japón.

Características: una planta muy resistente contra cualquier clima y no exige sustrato especial aunque necesita buen desagüe. Muy fuerte también contra las plagas y enfermedades. Las hojas que se transforman en otoño a un color amarillo dorado ofrecen un espectáculo maravilloso.

Métodos principales de multiplicación: siembra, esqueje y acodo aéreo. Se aplica muy poco el injerto.

Siembra: en agosto o septiembre y germinación en unos cuarenta días. Primera fumigación una vez que germina, con Captan 0,2% o Almacigor para prevenir moho y hongos. Trasplantar a la maceta de cultivo a los doce meses.

Fertilización: requiere mayor cantidad de fertilizante orgánico que otras plantas. Fertilizante foliar orgánico a treinta días de la germinación. Con bolitas de soja todos los meses excepto entre mayo y agosto.

Fumigación: solo polisulfuro de calcio, dos veces en invierno de cada año.

Poda: a principios de diciembre de la segunda temporada, febrero, marzo, abril, octubre y diciembre de la tercera temporada.

Defoliación: iniciar a principios de diciembre de la segunda temporada, y aplicar en febrero, marzo o abril y en noviembre o diciembre de la tercera temporada.

Atención especial: requiere mayor cantidad de agua que otras plantas.

Estilos adecuados: BUNJINGI, MOYOUGI, HOUKITSUKURI, SHANKAN, IKADAFUKI, NETSURANARI, SAUKAN, YOSEUE.

INUTSUGE

(*Buxus sempervirens*)

Origen: China, introducida a través de Europa.

Características: es una planta muy adecuada para comenzar a experimentar con el bonsai, ya que rara vez se seca por ser muy fuerte y resistente. Su belleza se caracteriza por sus hojas minúsculas brillosas y las plantas se usan mucho como borde de los caminos de jardines.

Métodos principales de multiplicación: esqueje y acodo aéreo.

Transformación: es la más común y popular. Se puede transformar en cualquier época del año excepto durante el invierno. El momento ideal es a mediados de agosto; utilizar sustrato normal; podar el tronco (siempre dejando una o dos ramas inferiores), ramas y raíces al tamaño y forma deseada. Resiste a las podas drásticas.

Fertilización: requiere poco fertilizante; polvo de bolitas de soja a los treinta días después del trasplante; aplicar fertilizante foliar intercalando inorgánico y orgánico cada tres meses hasta fines de abril de la siguiente temporada. En adelante, cada tres meses con bolitas de soja.

Fumigación: insecticida desde mediados de noviembre tres veces, con intervalo de una semana para prevenir las plagas masticadoras.

Poda: agosto y septiembre, enero, febrero y abril de cada año.

Estilos adecuados: HOUKITSUKURI, ISHITSUKI, MOYOUGI, NEAGARI, SHAKAN, KABUTACHI, IKADAFUKI, YOSEUE.

KAEDE

(*Acer buergerianum*)

Origen: Japón.

Características: es una de las plantas más populares entre las latifolias por la belleza de sus hojas coloreadas en el otoño. A grandes rasgos pueden clasificarse en dos variedades. Una es TOHO-KAEDE y otra es MIYASAMA-KAEDE.

Métodos principales de multiplicación: siembra, injerto y esqueje.

Transformación: el momento ideal es la época más fría del año. Si son mayores de tres años, sacar el 70% del terrón conservando la mayor cantidad de raicillas posible. Recortar más de 50% del largo del tronco y ramas, y un 60% del largo de las raíces. Poner pasta cicatrizante en los cortes de las partes gruesas antes de trasplantarla en una nueva maceta.

En caso de esqueje y siembra, se produce una demora de 24 meses para ser plantada en la maceta de cultivo.

Fertilización: aplicar fertilizante foliar (nitrato de potasio) por única vez a los treinta días posteriores a la trasplantación y nitrofosca foliar en enero. En otros meses aplicar fertilizante de bolita de soja cada dos meses hasta el otoño. Colocar la maceta donde dé suficiente sol todo el día. En verano, todo el día en media sombra o a pleno sol sólo durante la mañana.

Fumigación: aplicar insecticida y fungicida juntos en octubre.

Poda: aplicar podas de mantenimiento cada dos meses, desde febrero hasta abril y de septiembre hasta abril de la siguiente temporada. Realizar una poda estructural en julio y agosto.

Defoliación: parcial, en los meses de febrero, septiembre y noviembre.

Alambrado: se puede aplicar durante todo el año excepto durante los meses de agosto y septiembre, para no lastimar las yemas.

Estilos adecuados: BUNJINGI, FUKINAGASHI, HOUKITSUKURI, ISHITSUKI, MOYOUGI, NEAGARI, SHAKAN, TANKAN, NETSURANARI, SOUKAN, YOSEUE.

Momiji

(*Acer palmatum*)

Origen: Japón.

Características: es muy parecido a Kaede (*Acer buergerianum*) en muchos aspectos. Las diferencias notables están en la forma de sus hojas, que recuerda a la palma de la mano. Momiji tiene sus hojas con cinco o siete "dedos", mientras Kaede las tiene sólo con tres. Otra diferencia es que Momiji tiene una variedad, *atropurpureum*, con bellas hojas color rojo oscuro durante toda la vida. Nunca debe faltarle el agua.

Métodos principales de multiplicación: siembra y esqueje.

Siembra: entre mediados de julio y mediados de septiembre.

Fertilización: un mes posterior a la germinación con poca cantidad de fertilizante de soja en forma de polvo entre los brotes. No hay que fertilizar en exceso especialmente con nitrato de potasio, ya que hace crecer hojas demasiado grandes y dejan de colorearse en el otoño.

Fumigación: primera fumigación a los cuarenta y cinco días, una vez que germine, con Captan 0,2% para prevenir moho y hongos.

Trasplante: dentro de los veinticuatro meses.

Poda: y pinzado cada dos semanas hasta fines de abril de cada año. Se realiza una poda estructural en julio y agosto.

Defoliación parcial: en febrero, octubre y noviembre.

Alambrado: se puede aplicar durante todo el año excepto los meses de agosto y septiembre para no lastimar las yemas.

Estilos adecuados: Bunjingi, Fukinagshi, Houkitsukuri, Ishitsuki, Moyougi, Neagari, Shakan, Ikadafuki, Netsuranari, Soukan, Yoseue.

OMBÚ

(*Phytolacca dioica*, argentina)

Origen: Argentina, zona templada.

Características: una de las plantas más populares en la Argentina igual que el palo borracho, ya que adorna muchos parques conocidos. Cuando crece, salen del cuello del tronco muchas ramas como del estilo de KABUTACHI o NETURANARI. No parece ser un árbol sino una hierba gigante, ya que crece muy rápidamente y con tal que se le den las condiciones adecuadas, su tronco (cuello) llega a tener un diámetro mayor de 50 mm en tres años. Muchos aficionados argentinos del bonsai lo tienen dentro de su colección. Es propenso a una enfermedad llamada nematodo. Como es una planta de la zona semitropical más vale cuidarla contra el frío durante el invierno para que no sufra las escarchas.

Métodos principales de multiplicación: siembra y esqueje.

Siembra: a principio de agosto; germinación en unos tres meses.

Fertilización: requiere poco fertilizante. Aplicar fertilizante foliar orgánico en los meses de marzo, abril, agosto y septiembre y el inorgánico, una sola vez al año en noviembre. El exceso de fertilizante hace crecer demasiado las hojas. La defoliación se realiza tres veces al año en septiembre, enero y marzo.

Fumigación: primera fumigación a los cuarenta y cinco días, una vez que germine, con Captan 0,2% o Almacigor para prevenir moho y hongos. Acaricida en octubre y fungicida en febrero. Para la eliminación del nematodo, seguir las instrucciones que figuran en el Capítulo 7 "Recuperación de la salud", pero tomar las medidas en el otoño, ya que nos ha dado mejor resultado.

Poda: después de la floración.

Defoliación: en septiembre, diciembre y febrero.

Estilos adecuados: ISHITSUKI, MOYOUGI, SHAKAN, TANKAN, IKADAFUKI, KABUTACHI, NETSURANARI, SOUKAN, YOSEUE.

PALO BORRACHO

(*Chorisia insignis*, argentina)

Origen: Argentina.

Características: igual que el ombú, es otra planta muy popular en la Argentina. Tiene flores blancas o rosadas muy hermosas y los de flor blanca presentan además una forma peculiar del tronco con una "panza" que parece un barril. Hay muchos en las avenidas y parques de las zonas templadas y cálidas del país.

Hay dos variedades en esta especie. Una es *Chorisia insignis* y la otra es *Chorisia speciosa*, que tiene flores más chicas y su tronco es recto y esbelto. Las dos se prestan para el bonsai, pero indudablemente *Chorisia insignis* tiene mayor popularidad por sus bellas flores y la forma graciosa del tronco. La familia imperial japonesa conserva un bonsai del mismo en su colección, que le obsequió el primer embajador japonés en la Argentina después de la Segunda Guerra Mundial.

Métodos principales de multiplicación: siembra y esqueje.

Siembra: el sustrato debe ser bastante arenoso y requiere abundante agua. La germinación se produce en menos de un mes. Trasplantar a los siete meses.

Fertilización: foliar a los treinta días de germinación; fertilizante inorgánico, en enero, agosto de cada año; el orgánico, en marzo, octubre de la segunda temporada en adelante.

Fumigación: primera fumigación, una vez que germine, con Captan 0,2% o Almacigor para prevenir moho y hongos; fungicida a la germinación; acaricida a mediados de noviembre de cada año.

Poda y pinzado: en agosto.

Defoliación: en enero.

Alambrado: desde febrero de la tercera temporada en adelante.

Cambio de sustrato: noviembre de cada año.

Estilos adecuados: BUNJINGI, HOUKITSUKURI, ISHITSUKI, MOYOUGI, NEAGARI, SHAKAN, IKADAFUKI, TANKAN, NETSURANARI, SOUKAN.

Aljaba

(*Fuchsia magellanica*)

Origen: Argentina.

Características: es una planta arbustiva floral muy bella y fácil de cultivar. Dentro de la familia hay muchas variedades. Sin embargo, la especie *F. magellanica*, que crece en la zona de precordillera de los Andes a lo largo de los arroyos, se presta más al bonsai.

Los indígenas mapuches adoran la belleza de esta planta con nombre propio de Chilco. La planta tiene corteza muy arrugada, con aspecto de muchos años de vida aunque sea joven, lo cual es una ventaja muy interesante como material para el bonsai. El único defecto es que tiene sus ramas bastante quebradizas y hay que tener mucho cuidado en el alambrado. Con atenciones adecuadas la planta tiene flores durante todo el año.

Métodos principales de multiplicación: esqueje y acodo aéreo.

Esqueje: aplicación recomendada a principio de noviembre con un tallo bifurcado de un diámetro de unos 30 mm y el largo total de menos de 120 mm. Si es torcido o tiene nudo, mejor. Sumergir el tallo en agua con solución suave de hormona enraizante durante unas horas y colocar en una bolsa de polietileno durante una noche antes de esquejar. Se enraizará en un mes como máximo.

Fertilización: anual, con fertilizante orgánico, en febrero, septiembre enero y marzo; el inorgánico, sólo en noviembre.

Fumigación: acaricida, en noviembre.

Poda: en marzo, mayo, octubre y febrero de cada año.

Estilos adecuados: Hankengai, Houkitsukuri, Ishitsuki, Kengai, Moyougi, Neagari, Shakan, Kabutachi, Soukan.

KAIDO (manzano de flor)

(*Malus*)

Origen: universal.

Característica: Dentro de la familia de los Malus, se utiliza generalmente el manzano de flor. Hay bonsai de flores blancas, rosas, rojo anaranjadas y otros. Son realmente hermosos en su momento de floración o de formación de frutos. Para que florezcan durante la primavera y verano, deben recibir abundante sol.

Métodos de multiplicación: injerto (en julio), transplante (adquirido en vivero).

Fertilización: durante el primer año de convertido a bonsai, como así también los injertos o plantas adquiridas en vivero, se fertilizan con bolitas de soja mezclada con harina de hueso, cada mes y medio durante la primavera y verano. En otoño utilizar sólo harina de hueso una vez al mes. La cantidad aproximada es de 1 cucharadita de café por vez.

Fumigación: dada la facilidad con se contagia la cochinilla en esta especie, debe fumigarse con polisulfuro de calcio durante el invierno, dos veces, una al principio y una al final. La proporción a utilizar es de una tacita de café en 1 litro de agua (hay que tener cuidado con el polisulfuro, no inhalar ni usar en ambientes cerrados. También debe cuidarse que no entre en contacto con superficies metálicas, ya que las ataca).

Poda: no podar el primer año. Desde el segundo año en adelante se poda cuando termina la floración drásticamente y dejando sólo dos nudos de cada rama. El secreto de esta variedad es no dejar muchos frutos; esto debilita la planta. Una planta mediana no debería dejarse con más de seis frutos.

Estilos adecuados: MOYOGUI, SOKAN, HANKENGAI.

Choujubai (membrillo) Kusa Boke

(*Chaenomeles lagenaria*)

Origen: Japón.

Características: es una de las plantas más apropiadas para el cultivo de Hanamono bonsai, que da flores hasta en la época del frío. Éstas son de color rojo con un tono anaranjado fuerte. En la Argentina tiene como nombre vulgar "membrillo japonés".

Métodos principales de multiplicación: acodo aéreo y esqueje.

Esqueje: se obtiene de las ramas cortadas con su punta inferior en forma de bisel y esquejando en el mes de noviembre. Se puede manejar en forma general según el método del esqueje. Durante el verano es mejor ubicar el almácigo en semisombra hasta la próxima primavera. Trasplantar a una maceta individual en noviembre de la siguiente temporada. Podar drásticamente a principios de agosto y cambiar el sustrato a fines de septiembre.

Fertilización: todos los meses, en poca cantidad, con fertilizantes orgánico e inorgánico en forma intercalada, excepto durante mayo y agosto.

Fumigación: según las normas comunes. Hay que fijarse bien en las raíces cuando se cambia el sustrato en la primavera de la tercera temporada, por si tiene nematodo.

Poda: comenzar a aplicar pinzado en enero, al tercer mes después del esqueje. Poda y pinzado en diciembre, enero y febrero de cada temporada.

Estilos adecuados: Bunjingi, Fukinagashi, Hankengai, Houkitsukuri, Ishitsuki, Kengai, Moyougi, Neagari, Shakan, Ikadafuki, Kabutachi, Netsuranari, Soukan, Yoseue.

Fuyi (glicinia)

(*Wisteria*)

Origen: Japón y China.

Característica: desde fines de septiembre y hasta noviembre, presenta hermosos racimos de flores, en variedades de blanco, lila, violeta, violeta rojizo. Prefiere los suelos ligeramente alcalinos. Existen diversas variedades aptas para bonsái: el más popular, Satsuma Sakko Fuyi, da muchas flores en racimos que no superan los 4 o 5 cm de largo.

Métodos de multiplicación: siembra, esqueje, injerto, acodo aéreo y transplante. En Argentina lo más usual es el método de transformación de plantas adquiridas en vivero en septiembre, o acodo aéreo en diciembre y enero.

Fertilización: después de transplantado hay que regarlo abundantemente, dos veces al día. Un mes después fertilizar con bolitas de soja en cada extremo de la maceta, una vez al mes hasta mayo. Repetir cada año desde septiembre hasta mayo.

Fumigación: de diciembre a febrero, con fungicida e insecticida.

Poda: podar los tallos vigorosos y fuertes que crecen hacia el final de la primavera y durante el verano. Después de la floración podar inmediatamente y en forma profunda, dejando solo una o dos yemas o nudos. En ese momento también cambiar el sustrato; mejorará la floración en la siguiente temporada.

Estilos adecuados: Moyogui, Sokan, Ishizuki.

NIWAUME (ciruelo de flores)

(*Prunus japonica variegata multiplex*)

Origen: Japón.

Características: las flores son chicas y florecen a fines del invierno. Soporta los tratos necesarios para convertirla en bonsai.

Métodos principales de multiplicación: acodo aéreo y esqueje.

Esqueje: en septiembre para trasplantar a la maceta individual dentro de un año.

Fertilización: el fertilizante foliar orgánico en noviembre. Foliar inorgánico de nitrato de potasio en febrero de la segunda temporada. Bolitas de soja un mes después del trasplante y el inorgánico en diciembre.

Fumigación: es propensa al ataque de pulgones, el insecticida es una buena medida para su eliminación. El oidio (hongo) es otra enfermedad frecuente. Aplicar Nimrod tres veces, con intervalo de una semana durante pleno verano. En la primera temporada, insecticida en noviembre y aplicar la mezcla de insecticida y fungicida en febrero de la segunda temporada.

Poda: después de la floración a fines del invierno y antes de la apertura de las hojas. Pinzado cada dos meses hasta fines del otoño.

Estilos adecuados: HANKENGAI, HOUKITSUKURI, ISHITSUKI, KENGAI, KABUTACHI.

PIRAKANSA (*Crataegus*)

(*Pyracantha coccinea*)

Características: no necesita condiciones especiales y es fácil de cultivar.

Métodos principales de multiplicación: esqueje y siembra.

Transformación: en agosto. Aunque el esqueje es el método más común, explicaremos el caso de trasplantación, que requiere cierta atención adicional. Al obtener una planta, revisar bien si no tiene nematodos en sus raíces. Si se encuentra alguna, tomar medidas referidas en el Capítulo 4 "Recuperación de la salud". Aun cuando en estado normal, no cortar las raíces por más de 40% en su largo. Después de podar raíces, tronco y ramas gruesos, cubrir el corte siempre con cicatrizante. Al cambiar el sustrato es recomendable aplicar nematicida en el sustrato, aunque no se note la anormalidad.

Fertilización: la primera vez a los treinta días y luego en diciembre y enero, febrero, marzo, septiembre y noviembre de la siguiente temporada; y febrero marzo, julio, octubre de la tercera temporada, intercalando los fertilizantes orgánico e inorgánico.

Fumigación: polisulfuro de calcio a principios de agosto.

Poda: y pinzado en febrero y marzo

Defoliación: a principio de noviembre de cada año.

Estilos adecuados: FUKINAGASHI, HANKENGAI, ISHITSUKI, KENGAI, MOYOUGI, NEAGARI, KABUTACHI, NETSURANARI.

SATSUKI / TSUTSUJI (azalea)

(*Rhododendron lateritium*)

Origen: Japón.

Características: desde el cuello hasta las ramas tiene corta distancia. Muy fácil de adquirir y cuidar. La época de floración es entre agosto y octubre. La variedad SATSUKI puede florecer también en otoño. Para su adquisición fijarse si tiene su follaje verde y sano. Nunca debe faltarle el agua.

Métodos principales de multiplicación: esqueje y acodo aéreo.

Esqueje: utilizar tallos de la temporada anterior. Para esqueje entre noviembre y febrero usar tallos de la misma temporada. Trasplantar a los dos meses.

Cambio de sustrato: diciembre de cada año durante cinco años.

Fertilización: fertilizar con frecuencia pero con poca cantidad, mientras la planta sea joven. La primera fertilización será con bolitas de soja a las tres semanas del esqueje, luego fertilizar cada tres meses. Aplicar fertilizante orgánico sólido en el otoño; en la primavera, inorgánico (nutriente con oligoelementos).

Fumigación: eliminación de chupadores de savia entre septiembre y mediados de octubre.

Poda: y pinzado cada dos semanas hasta fines de abril

Defoliación: parcial en octubre-noviembre para ventilar follajes.

Alambrado: en el invierno.

Estilos adecuados: HANKENGAI, HOUKITSUKURI, ISHITSUKI, KENGAI, MOYOUGI, KABUTACHI, NETSURANARI, YOSEUE.

Sharinbai

(*Raphiolepis umbellata*)

Origen: China y Japón.

Características: es una planta perennifolia común y que se consigue en cualquier vivero. No llama tanto la atención a los aficionados del bonsai, pero es una planta sobria con sus hojas carnosas verdes oscuras muy brillantes. Es resistente al frío y al calor. Necesita de un sustrato con buen desagüe. En octubre forman abundantes pimpollos de flores blancas o rosadas en forma compuesta.

Métodos principales de multiplicación: esqueje y siembra.

Siembra: en la preparación de las semillas cosechadas en mayo, lavar bien la pulpa y cáscara antes de sembrar. Sembrar a principios de agosto en un vaso de telgopor unas tres semillas y cubrir con sustrato por 10 mm. Tapar con otro vaso transparente. Tardan el doble más de tiempo que otras semillas hasta germinar a principio de noviembre. Lo importante es mantener el almácigo con humedad adecuada, que no falte ni sobre.

Fertilización: intercalar el fertilizante orgánico y el inorgánico en enero, abril y septiembre de la segunda temporada y en febrero, abril y septiembre de la tercera temporada.

Fumigación: la primera fumigación se realizará una vez que germine, con Captan 0,2% o Almacigor, para prevenir moho y hongos. Trasplantar sólo después de doce meses. Acaricida y oruguicida en noviembre de cada temporada.

Poda: defoliación en diciembre. Responde bien para lograr achicamiento de las hojas.

Estilos adecuados: Hankengai, Houkitsukuri, Ishitsuki, Kengai, Moyougi, Neagari, Shakan, Kabutachi, Netsuranari, Soukan, Yoseue.

Tsubaki

(*Camelia japonica*)

Origen: Japón.

Características: *Camelia japonica* es bastante universal, pero en general son originarias del continente chino. El arbusto de Cha también es de la misma familia de *Camelia*. La *Camelia japonica* Sazanka es autóctona de Japón y tiene en sus variantes a Wabisuke, que es muy conocido en el mundo del bonsai por su tamaño muy reducido de abundantes flores.

Métodos principales de multiplicación: acodo aéreo, esqueje e injerto. Para esquejar a principio de la primavera basta con tener un tallo de 30 mm con una hoja, siempre que se proteja del frío y se mantenga la humedad del suelo.

Acodo aéreo: el momento oportuno es en octubre. Realizar la separación y el trasplante en una maceta a principios de febrero.

Fertilización: a los treinta días con bolitas de soja; con fertilizante foliar de nitrato de potasio en septiembre y noviembre de la segunda temporada; con bolitas de soja en marzo, septiembre y con nitrato de potasio en noviembre de la tercera temporada.

Fumigación: polisulfuro de calcio a fines de cada invierno y fungicida a principios de septiembre de cada año.

Poda: y pinzado anual a fines de septiembre y noviembre de la segunda temporada en adelante.

Cambio de sustrato: a fines de octubre de cada año.

Estilos adecuados: Houkitsukuri, Ishitsuki, Kengai, Moyougi, Neagari, Kabutachi, Netsuranari.

ZAKURO (granado)

(*Punica granatum*)

Características: florece en pleno verano. Tiene dos variantes: una floral y otra frutal. La frutal es más fácil de convertir en bonsai. Aplicar menos fertilizantes de nitrógeno para controlar el tamaño de las hojas y el largo de la distancia entre los nudos de las ramas. Es propenso a cochinillas australianas. Debe recibir mucha luz solar y abundante agua, especialmente en la época de calor.

Métodos principales de multiplicación: esqueje y siembra.

Esqueje: entre fines de octubre y fines de noviembre. Trasplantar en noviembre de la siguiente temporada.

Fertilización: con nitrato de potasio en febrero y octubre de cada año. Las bolitas de soja, a fines de agosto y marzo de cada año.

Fumigación: aplicar Dimetoato y Cercobin a fines de noviembre de cada año, para prevenir las cochinillas. Si aparecen, aplicar la misma mezcla tres veces con intervalo de una semana cada una.

Poda: en marzo y pinzado en agosto y septiembre.

Cambio de sustrato: en agosto de cada año.

Estilos adecuados: HOUKITSUKURI, MOYOUGI, KABUTACHI, SOUKAN.

Otras especies para realizar bonsai

Cisus

Vid

Bambú negro japonés

Prunnus triloba

Satsuki blanca

Satsuki matizado

Acer dissectum

Clerodendron

Acacia constantinopla

Haze *Rhus succedanea*

Oxalis

Hagui

Glosario

ABURAMUSHI: pulgón.

Acodo aéreo: método de separar la punta de una rama o de un tronco de una planta joven para plantarla como una nueva planta independiente.

AKADAMA TSUCHI: sustrato a base de lava volcánica ideal para el cultivo de bonsai.

AKADANI: arañuela roja.

AKASABI-BYOU: roya.

Árboles adultos: árboles cultivados como bonsai en una maceta por más de dos años.

Arte de restar: principio filosófico de la creación de la belleza eliminando los adornos para resaltar la belleza de una obra del arte.

BANKAN: estilo derivado de MOYOUGI.

BUGENBIRIA: *Bougainvillea glabra.*

BUNJINGI: estilo literato.

BUSHOU: comandante de las fuerzas armadas.

Cambium: capa que hay entre la corteza y el sámago de los árboles por donde circulan sustancias nutritivas.

Ceremonia del té: disciplina artística y filosófica de servir el té verde creado en Japón en el siglo XIV.

Coníferas: árbles con las hojas perenes y puntiagudas o escamafolia tubular.

Corteza: capa más externa de las plantas y sus ramas.

CHABOHIBA: C*hamaecyparis obtusa nana.*

CHOKAN: estilo tronco recto.

Chorisia insignis: palo borracho blanco, argentino.

CHOUGA: yema o rama crecida en la punta.

CHOUJUBAI: C*haenomeles lagenaria, Cydonia japonica.*

CHUUHIN BONSAI: bonsai de estatura mediana (entre unos 15 a 40 cm).

DANI: ácaro.

Defoliación: técnica de achicar y multiplicar las hojas y ramitas.

Despejo en forma de anillo: técnica de acodo aéreo para obtener una nueva planta.

Dumping off: mal de almácigo.

EDA TSUGI: técnica de injertar una rama en un árbol.

Epoxy: pegamento instantáneo.

Esqueje: método de multiplicación de los plantines.

FUKINAGASHI: estilo azotado por el viento.

FUTEIME: yemas que salen en los troncos y ramas en lugares indeseados en la época atrasada.

GAJUMARU: *Ficus retusa.*

Gardenia kimura: jazmín.

GYAKU-EDA: ramas que salen contra la dirección de la rama de su base.

GYORYU: *Tamarix chinensis.*

HAGARE BYOU: antracnosis.

HANAMONO BONSAI: bonsai de florales.

HANKENGAI: estilo media cascada.

HARA-EDA: ramas que salen en el lado inferior de la curva del tronco.

HASUKASHI: técnica de disminuir las hojas para dar mayor fuerza a las demás hojas y mejorar la ventilación y penetración de la luz solar.

HOUKITSUKURI: estilo escoba.

IBOTA: *Ligustrum sinense.*

ICHII: *Taxus baccata.*

ICHOU: *Ginkgo biloba.*

IKADAFUKI: estilo balsa.

INUTSUGE: *Buxus sempervirens.*

ISHITSUKI: estilo tronco con roca.

ITOSUGI: C*upressus pyramidalis.*

JIN: parte media muerta de de una rama.

KABUTACHI: estilo tronco múltiple.

KAEDE: *Acer buergerianum.*

KAERU MATA: figura de la rama llamada arco de rana, que sale de tronco con una curva redonda hacia arriba.

KAKEJIKU: obras de pintura o de caligrafía enrolladas que se cuelgan en la pared principalmente de TOKONOMA con otros adornos.

KANNUNKI-EDA: dos ramas que forman una cruz sobre el tronco.

KARAMATSU: *Taxodium*

KARAMI-EDA: rama que da vuelta a tronco.

KASANARI-EDA: ramas que salen juntas hacia una misma dirección.

KASUGAGONGEN-KENKI: obra de ensayo por un noble en el siglo XIII.

KATATSUMURI: caracol.

KEISEKI: lava volcánica blanca.

KEMUSHI: oruga.

KENGAI: estilo cascada.

KOBANUKI: eliminación de las hojas de la temporada anterior.

KOKUHAN-BYOU: mancha foliar.

KOMETSUGA: *Pseudotsuga menziesii.*

KONOTEGASHIWA: *Thuja orientalis.*

KUCHINASHI: *Gardenia kimura.*

KUROMATSU: *Pinus thunbergii.*

KURUMA-EDA: ramas que salen en forma de rayo alrededor del tronco.

KUSAMONO BONSAI: bonsai de herbáceas.

Latifolias: plantas perenes y caducifolias excepto las coníferas.

MANOBI-EDA: rama que tiene los nudos muy separados sin ramales.

MEKAKI: corte con los dedos de brotes recien salidos.

MEKIRI: core de yemas con tijeras.

MIMINO BONSAI: bonsai de frutales.

MOMIJI: *Acer palmatum.*

MOTOSUGI: técnica de injerto de una yema en la base de otra planta.

METSUMI: corte de yemas con los dedos o tijeras.

MOYOUGI: estilo tronco dibujado.

MYUGOMATSU: *pinus mugo mughus.*

NAMEKUJI: babosa.

NEAGARI: estilo raíces aéreas.

NEBARI: forma de crecimiento de las raíces en cuello de arbol.

NETSUGI: técnica de injerto de raíces.

NETSURANARI: estilo reptante.

NIWAUME: *Prunus japonica variegata multiple duplex.*

OHMONO BONSAI: bonsai con la estatura mayor de unos 50 cm.

Oligoelementos: elementos básicos de fertilización: sulfato, magnesio, hierro, cobre, molibdeno, etc.

Ombú: *Phytolacca dioica*, argentina.

Palo borracho: C*horisia insignis*, argentina.

Pinzado: corte de brotes y hojas.

PIRAKANSA: *Pyracantha coccinea.*

Ramas indeseadas: ramas que estropean la formación de bonsai.

Ramas principales: ramas que componen la formación fundamental de bonsai.

Residuo de soja: residuo de soja después de sacar su aceite.

SABAMIKI: tronco muy dañado.

Sámago: capa entre cambium y madera.

SANKAN: estilo de tres troncos.

SATSUKI/TSUTSUJI: *Rhododendron lateritium*, azalea.

Segundas yemas: yemas que salen después de haber sido podadas.

SAKAN: estilo tronco inclinado.

SHARI: parte muerta del tronco.

SHARINBAI: *Raphiolepis umbellata.*

SHINPAKU: *Juniperus chinensis sabina* y *Juniperus sargentii.*

SHITAMUKI-EDA: rama salida hacia abajo.

SHOUHIN BONSAI: bonsai de menos de 15 cm de alto.

SHOUHAKU BONSAI: bonsai de conífera.

SOKUGA: yema salida al costado no deseado.

SOUKAN: estilo doble tronco.

SOUKAN, KOZURE: estilo doble tronco con el segundo tronco muy bajo.

SUGI: *Cryptomeria.*

SUISEKI: piedra natural que acompaña al lado de un bonsai para la exhibición.

SUSU-BYOU: fumagina.

TACHI-EDA: rama que sale verticalmente hacia arriba.

TACHIAGARI: forma de la base (cuello) del árbol sobre la tierra.

TAKAN: estilo múltiple tronco.

TANKAN: estilo monotronco.

Teatro NOH: teatro tradicional japonés desarrollado en el siglo XIV.

TEN SHARI: parte media muerta en la punta del tronco.

TOCHOU-EDA: rama crecida en exceso (chuppon)

TOKONOMA: espacio especial para colocar adorno en la sala de visita.

TSUKI-EDA: rama larga que sale hacia el frente.

WABI y SABI: sentimiento de inanidad sobre el valor mundano.

WAKI-EDA: rama que sale entre el tronco o rama y otra rama.

WARITSUGI: técnica de obtener una nueva planta por injerto.

WATAKAIGARAMUSHI: *cochinilla algodonosa.*

YAMADORI: transformación de las plantas naturales.

YOBITSUGI: injerto de aproximación, técnica de agregar una rama sobre un tronco.

YOSEUE: estilo bosque.

ZAKKI BONSAI: bonsai de latifolias.

ZAKURO: *punica granatum.*

ZEN: disciplina budista japonesa desarrollada principalmente a base del taoísmo.

Bibliografía

Bonsai Sekai. Revista mensual y su asesoramiento. Tokio, Shinkikaku Shuppan Kyoku, 1980-2004.

Bonsai Shunju. Revista mensual. Tokio, Asociación Japonesa de Bonsai, 1980-2004.

Haene, Eduardo y **Gustavo Aparicio**. *100 árboles argentinos*. Buenos Aires, Albatros, 2001.

Índice general

Agradecimientos

Deseamos expresar nuestro profundo agradecimiento a Shunji Nagaoka en Tokio y a Masayuki Kondo, Juan Pablo Ruiz y Gustavo Fuentes en Buenos Aires, quienes nos ofrecieron su apoyo desinteresado para que este libro saliera a la luz de modo que sirva de valioso puente cultural entre Oriente y Occidente.

Hemos hecho todo lo posible para transmitirles nuestros conocimientos del cultivo de bonsai; sin embargo, estamos conscientes de que pueden faltar detalles en esta presentación. Les solicitamos que dirijan sus comentarios y consultas al **Estudio Sugi de Bonsai** en Buenos Aires con la siguiente dirección electrónica: estudiobonsai-sugi@yahoo.com.ar

Edición: Cecilia Repetti
Asistente de edición: Diana Briones
Diseño editorial: Jorge Deverill
Fotos: 3.0 Estudio
Fotos de las páginas: 4, 6, 10, 34-35, 36, 37, 50-51, 75, 118, 150, 151, 152-153, 164-165, 166, 172-173, 174, 177, 178, 179, 180-181, 241: Editorial Shinkikaku, Tokio, Japón.
Corrección: Félix de las Mercedes
Dibujos: Cynthia Ferrer
Ilustraciones de páginas 14-15: Alma Scolnik

BONSAI
MANUAL PRÁCTICO
1ª edición - 5000 ejemplares
Impreso en Latin Gráfica SRL
Rocamora 4161 - Buenos Aires
Agosto de 2006

J. Salguero 2745 5º - 51 (1425)
Buenos Aires - República Argentina
E-mail: info@albatros.com.ar
www.albatros.com.ar

ISBN-13: 978-950-24-1113-2
ISBN-10: 950-24-1113-7

Sugimoto, Hideo
Bonsai : manual práctico / Hideo Sugimoto y Akira Takami - 1a ed. - Buenos Aires : Albatros, 2006.
256 p. ; 14x22 cm. (Manual práctico)

ISBN 950-24-1113-7

1. Jardineria-Bonsai. I. Takami, Akira II. Título
CDD 635.977 2